Erfolgsstrategien der Litigation-PR

Armin Sieber

Erfolgsstrategien der Litigation-PR

Eine Einführung in die Praxis

 Springer VS

Armin Sieber
Sieber Senior Advisors
Aschheim, Deutschland

ISBN 978-3-658-35992-8   ISBN 978-3-658-35993-5 (eBook)
https://doi.org/10.1007/978-3-658-35993-5

Die Deutsche Nationalbibliothek verzeichnet diese Publikation in der Deutschen Nationalbiblio-
grafie; detaillierte bibliografische Daten sind im Internet über http://dnb.d-nb.de abrufbar.

Springer VS

Planung/Lektorat: Barbara Emig-Roller
Springer VS ist ein Imprint der eingetragenen Gesellschaft Springer Fachmedien Wiesbaden
GmbH und ist ein Teil von Springer Nature.
Die Anschrift der Gesellschaft ist: Abraham-Lincoln-Str. 46, 65189 Wiesbaden, Germany

Vorwort

Jedes Buch hat eine Geschichte. So ist es auch bei diesem. Sie reicht zurück bis zu einem Frühlingstag im Jahr 2014 als ich mich mit Prof. Klindt, Partner der Anwaltskanzlei Noerr, zu einem Lunch-Meeting im Münchner Lokal Koi traf. Einmal mehr tauschten wir Erfahrungen und Anekdoten aus der Münchner Rechtsszene aus. Dabei entstand die Idee, große Rechtsfälle in Form einer Streitkolumne abwechselnd aus der Perspektive eines Legal Departments beziehungsweise einer Kommunikationsabteilung zu betrachten. Praktiker wissen, dass das Verhältnis zwischen diesen beiden Abteilungen in vielen Unternehmen oft konfliktträchtig ist. Ich stellte die Idee einige Zeit später Hilkka Zebothsen vor, der Chefredakteurin der Zeitschrift *Pressesprecher* (heute *kom*), die sich freundlicherweise spontan bereit erklärte, den redaktionellen Rahmen für dieses ungewöhnliche Experiment zu bieten.

Es folgten zwei lehrreiche Jahre, in denen wir uns in regelmäßigen Abständen ein Gefecht mit der Feder lieferten – unter Freunden. Was wir nicht wussten, war, wie viele Leser diese Kolumne über die Jahre hinweg verfolgten. Das zeigte sich erst bei deren Einstellung im Jahr 2016 – unter einigen Fans hatte sie in der Zwischenzeit Kultstatus erlangt.

Im Jahr 2017 beschloss ich schließlich, einige Kerngedanken aus dieser Kolumne im Rahmen eines White Papers zusammenzufassen und kostenlos auf unserer Website zum Download anzubieten. Als sich die Download-Zahlen schnell in erstaunlichen Höhen bewegten, war klar, dass man für dieses Projekt eine andere Form finden musste. Der Bamberger FAW-Verlag erklärte sich dazu bereit. Und so erschien 2018 die erste Version des Buches *Manager am Medienpranger*, eine mit leichter Hand hingeworfene Fingerübung über Litigation-PR, die zum Glück von Lesern und Rezensenten (unter anderem in der *F.A.Z.*) recht wohlwollend aufgenommen wurde.

Das Buch ist inzwischen längst ausverkauft. Als mir vor einiger Zeit der Gedanke einer Neuauflage kam, wurde schnell klar, dass sich das Buch in seiner ursprünglichen Form kaum mehr für eine Veröffentlichung eignete. Zu viele Punkte stellten sich für mich aufgrund der vielen großen Litigation-Fälle, die wir in den vergangenen Jahren in unserem Beratungsunternehmen begleitet haben, deutlich differenzierter dar. Große Teile des Buches wurden schließlich neu geschrieben und alle Kapitel erweitert: Bestenfalls dreißig Prozent des ursprünglichen Bestandes ist in überarbeiteter Form erhalten geblieben. Sehr zu meiner Freude befinden sich immer noch einige treffend formulierte Passagen aus der Zusammenarbeit des Kolumnistenduos Klindt/Sieber darunter – Thomas Klindt sei an dieser Stelle nochmals ein großer Dank ausgesprochen.

Im letzten Jahrzehnt ist eine Reihe von Publikationen zum Thema Litigation-PR erschienen. Neben den eigenen Veröffentlichungen möchte ich hier exemplarisch auf Holzinger und Wolff (2009), Rademacher (2012) und Wohlrabe (2020) verweisen. Darüber hinaus gibt es eine Vielzahl an Publikationen mit fachspezifischem Charakter. Zahlreiche Beiträge in vertikalen Medien zum Straf- und Zivilrecht, zur Kanzlei- oder Kommunikationspraxis sind außerhalb ihrer fachlichen Silos kaum bekannt. Vielen dieser Arbeiten verdankt dieses Buch Anregungen, die ich nach bestem Wissen und Gewissen auch als Quellen oder Zitate kenntlich gemacht habe. Darüber hinaus fließen die jahrzehntelangen Erfahrungen aus großen Litigation-Fällen ein, die wir begleiten durften – von Hypo-Alpe-Adria über Cum-Ex bis hin zu Dieselgate und Wirecard.

Ein Handbuch zur Litigation-PR für die Kommunikationsbranche fehlt bislang in Deutschland. Es schien mir daher an der Zeit, theoretische Diskussionen und praktische Erfahrungen im Rahmen einer monografischen Schrift zusammenzufassen und sie so Studenten, Juristen und Kommunikatoren zugänglich zu machen. Wie gewagt eine solche Unternehmung ist, wurde mir nicht zuletzt in den umfangreichen Diskussionen deutlich, die ich mit Volljurist und Vollblut-Kommunikator Dr. Rainer Ohler über viele Details dieses Buchs geführt habe. Ihm und seiner kritischen Lektüre des Manuskripts schulde ich großen Dank. Zahlreiche Kollegen haben Wissen und Materialien uneigennützig mit mir geteilt, etwa Oliver Löffel, der unseren gemeinsamen Artikel zum Haftungsrisiko für Litigation-PR-Berater aus dem Jahr 2016 noch einmal kritisch durchgesehen hat. Dr. Marcel Leeser hat mir sehr uneigennützig seine bislang unveröffentlichte Hochschulvorlesung zum Thema Presse- und Medienrecht zur Verfügung gestellt. Und nicht zu vergessen seien auch die vielen Anwälte und Kollegen, die mir über die Jahre hinweg als Gesprächspartner für unseren Blog zur Verfügung standen. Die Fehler und Unzulänglichkeiten, die bleiben mögen, gehen allerdings allein auf mein Konto.

München, Deutschland
Februar 2022

Armin Sieber

Inhaltsverzeichnis

Aufgaben und Ziele der Litigation-PR

1

Zusammenfassung

Litigation-PR beschäftigt sich mit der professionellen Kommunikation in Rechtsauseinandersetzungen. Sie hat sich zu einer Spezialdisziplin entwickelt, die zwar Schnittmengen mit der klassischen Krisenkommunikation besitzt, aber in vielerlei Hinsicht noch darüber hinausgeht, denn erfolgreiche Litigation-PR fordert von Kommunikatoren nicht nur spezifische Kenntnisse über rechtliche Rahmenbedingungen. Jenseits dessen hat man es in der Litigation-PR auch mit anderen Bezugsgruppen und einer Vielzahl an neuen taktischen und strategischen Vorgehensweisen zu tun, die in der Krisen-PR so noch unbekannt sind. Das Kapitel liefert einen ersten Überblick über Aufgabenstellungen, Probleme, Bezugsgruppen und typische Anwendungsfelder.

1.1 Was ist Litigation-PR?

Litigation-PR (kurz auch: LTPR) ist eine in Deutschland noch junge, aber inzwischen bereits etablierte Kommunikationsdisziplin. Das Aufgabenfeld ist groß, bundesweit beschäftigen sich allerdings nur eine Handvoll spezialisierter Profis damit. Obwohl die Zahl der Anwälte immer größer wird, die eine grundsätzliche Notwendigkeit für professionelle Litigation-PR durchaus erkennen, fällt die Verbindung und Integration der Kommunikationsberatung in die praktische juristische Arbeit oft noch schwer.

Dieses Handbuch soll hier Abhilfe schaffen. Es soll anhand von konkreten Beispielen Handlungsempfehlungen geben, um die Qualität der Kommunikation rund um komplexe Rechtsauseinandersetzungen in Zukunft deutlich zu steigern – zum

© Der/die Autor(en), exklusiv lizenziert an Springer Fachmedien
Wiesbaden GmbH, ein Teil von Springer Nature 2022
A. Sieber, *Erfolgsstrategien der Litigation-PR*,
https://doi.org/10.1007/978-3-658-35993-5_1

Nutzen der Mandanten, der betroffenen Unternehmen und der Kanzleien, die durch eine Kooperation mit Litigation-PR-Profis ihre Beratungskraft und Handlungsgeschwindigkeit noch deutlich ausbauen können.

Litigation-PR beschäftigt sich mit „Öffentlichkeitsarbeit im Rechtsstreit", also mit strategischer Rechtskommunikation. Die Disziplin hat ihre Wurzeln in der prozessbegleitenden Öffentlichkeitsarbeit. Der aus dem Amerikanischen entlehnte Begriff „Courtroom-PR" spielt mit der Idee, dass die Debatte und Meinungsbildung in der Medienöffentlichkeit nur eine Verlängerung des öffentlichen Prozesses im Gerichtssaal sei. Die öffentliche Meinung kann sich sowohl zum Vorteil als auch zum Nachteil der Streitparteien auswirken. Zum einen können Meinungen und Stimmungen außerhalb des Gerichtssaals durchaus Einfluss auf das Geschehen im Gerichtssaal haben – wobei dieser Einfluss im angelsächsischen Rechtssystem sicher deutlich stärker und unmittelbarer ist als im deutschen Sprachraum (Haggerty 2012; Schmitt-Geiger 2012). Zum anderen hat die öffentliche Debatte natürlich auch einen großen Einfluss auf die Reputation der Streitparteien. Jenseits von Schuld oder Ausgang des Rechtsstreits kann eine möglicherweise zerstörerische Form der Vorverurteilung entstehen.

Es gibt zahlreiche Beispiele, in denen öffentliche Personen einen Rechtsstreit gewinnen, aber ihre öffentliche Reputation eingebüßt haben – wie etwa im Fall Kachelmann oder Edathy. Umgekehrt gibt es auch den Fall, dass Manager wegen offensichtlicher Vergehen sogar ins Gefängnis kommen, nach abgesessener Strafe aber so weit rehabilitiert sind, dass sie ihre alten Ämter wieder übernehmen können – das zeigt der Fall des ehemaligen Präsidenten des FC Bayern München, Uli Hoeneß. Hier hat eine starke Reputation, die über Jahre sorgsam gepflegt wurde, Verurteilung und Gefängnis überlebt.

Aufgabe der Litigation-PR ist es, die juristische Strategie der beteiligten Anwälte und Mandanten zu unterstützen. Dabei stehen vor allem zwei Zielsetzungen im Vordergrund:

- *Reputationsziel*: Reputationsschäden für die Mandanten (Einzelpersonen oder Unternehmen) sollen minimiert werden.
- *Prozessziel*: Einflussnahme auf den Prozessverlauf, etwa indem man ein Meinungsklima schafft, das außergerichtliche Einigungen erleichtert.

Der Mandant soll auch öffentlich, nicht nur im Prozess Gehör finden. Insofern ist Litigation-PR durchaus verwandt mit den Disziplinen Reputationsmanagement und Krisen-PR, nimmt dabei aber aufgrund der rechtlichen Streitsituation eine Sonderstellung ein, bei der konventionelle PR-Instrumente nicht immer das gewünschte Ergebnis bringen.

Die immer komplexer werdenden Verfahren im Wirtschaftsrecht und gerade auch im Wirtschaftsstrafrecht ziehen ein hohes Medieninteresse auf sich. Das macht eine präzise, strategisch ausgerichtete Kommunikation notwendig, die zusammen mit Anwälten aufgesetzt und langfristig umgesetzt wird. Eine einfache Vernehmung aufgrund einer Anzeige, eine Hausdurchsuchung oder die Eröffnung eines Ermittlungsverfahrens kann verheerende Folgen für die Reputation einer Person, eines Unternehmens oder seiner Manager haben – wenn sie von wem auch immer lanciert in die Medien kommen.

Auch Unternehmen, die auf das Vertrauen ihrer Direktkunden angewiesen sind, sind oft stark von einem öffentlich eskalierenden Rechtsstreit betroffen. Die oft äußerst einseitige Berichterstattung über juristische Auseinandersetzungen kann zu Vorverurteilung und erheblichen Irritationen bei den Kunden führen. Das muss nicht sein. Durch die Zusammenarbeit von Anwälten mit Litigation-PR-Profis (siehe Abb. 1.1) kann die strategische Rechtskommunikation darauf Einfluss nehmen. Es gelingt dabei nicht nur, Mandanten aus den Medien zu halten, sondern auch die öffentliche Wahrnehmung eines „Falles" in die gewünschte Richtung zu treiben.

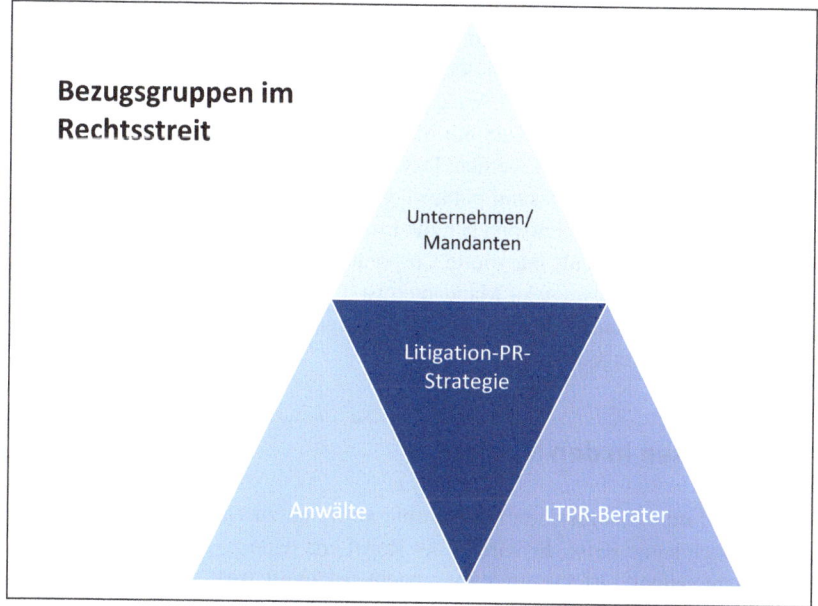

Abb. 1.1 Bezugsgruppen im Rechtsstreit *(eigene Darstellung)*

1.2   Krisenkommunikation im Rechtsstreit

Moderne Litigation-PR ist heute ein vielfältiges Aufgabengebiet, das über reine prozessbegleitende Pressearbeit deutlich hinausgeht. Sie nutzt inzwischen viele Instrumente der Corporate Communication und richtet sich gleichermaßen sowohl nach außen als auch nach innen. Gute Litigation-PR beginnt idealerweise lange, bevor eine Krise öffentlich wird. Sie begleitet einen Rechtsstreit während der gesamten juristischen Auseinandersetzung und manchmal noch darüber hinaus, wenn es etwa darum geht, Reputationsschäden oder eventuelle Falschinformationen wieder aus dem Bewusstsein der Menschen oder aus dem Elefantengedächtnis des Internets zu bekommen.

Insofern ist Litigation-PR also Krisen-PR, aber mit besonderen Inhalten und Rahmenbedingungen. Recht und Kommunikation sind hier eng miteinander verzahnt (Schmitt-Geiger 2013). In der Regel gilt das Primat der anwaltlichen Strategie, aber eine solche, vor allem, wenn sie gut ist, hat immer auch die Öffentlichkeit im Blick und berücksichtigt kommunikative Aspekte von Anfang an. Häufig geht es für die Kommunikatoren darum, komplexe und diffizile Sach- und Rechtsfragen für die Öffentlichkeit verständlich zu übersetzen. Dabei haben es die PR-Profis mit einer Reihe für sie ungewohnter Stakeholder zu tun: Anwälte, Gerichte, die Staatsanwaltschaft und die Beschuldigten/Angeklagten.

Jede gute Krisen-PR ist Stakeholder-PR – und so verhält es sich auch bei immer mehr Litigation-PR-Kampagnen: Viele gehen weit über die reine Medienarbeit hinaus, während manche gar nichts mit Medien zu tun haben. Zudem muss immer häufiger über Bande gespielt werden. Das Gespräch mit der Gegenseite kann hier genauso wichtig sein wie das mit politischen Institutionen.

Insofern gab es genug Fürsprecher, die Litigation-PR weniger als Medienarbeit verstehen, als vielmehr als integrierte Corporate Affairs. Das halte ich für richtig, denn aus der Perspektive vieler Mandanten ist die beste Litigation-PR die, die nie in den Medien erscheint. Eher im Gegenteil: Litigation-PR ist oft genug die Kunst des beredten Schweigens.

1.3   Krisen in den Medien

Fehler sind im ökonomischen Handeln nie völlig auszuschließen. Der Fehler an sich ist noch keine Krise. Er wird in der Regel erst dann zu einer, wenn das Problem nicht schnell, effektiv und konsequent bekämpft wird. Schlechtes Krisenmanagement und mangelhafte Krisenkommunikation lassen manches zunächst unscheinbare Problem erst zu einer Krise werden. Das hängt auch mit dem Engagement der Medien zusammen, denn viele Journalisten verstehen sich als Advokaten der Betroffenen: Verbraucher, Anleger, Umweltschützer, Anwohner und so fort. Zahlreiche Redaktionen haben Formate entwickelt, in denen überwiegend über Verbraucherschutzfragen berichtet wird.

Es gehört zum Selbstverständnis dieser Medien, dass man durch redaktionelles Handeln, Recherchen und Berichterstattungen den Betroffenen zu ihrem Recht verhilft. Gerade die zahlreichen Investigativredaktionen, die in vielen Medien in den vergangenen Jahren eingerichtet wurden, haben ein in Deutschland inzwischen gängiges Narrativ geprägt: Die Wirtschaft wird als Gegner betrachtet, deren dunkle Machenschaften durch konsequente Aufdeckungsarbeit ans Licht gebracht werden muss. Die Kritik von Fehlverhalten der Wirtschaft wird dabei zu einem zentralen publizistischen Motiv. Es baut oft auf dem dramatischen Unvermögen vieler Bürger auf, wirtschaftliche Zusammenhänge zu verstehen und richtig einzuordnen. Dabei werden oft schnell und leichtfertig niedere Ziele und Motive (persönliche Bereicherung, Profitmaximierung) unterstellt, obwohl aus der Innensicht der Unternehmen ganz andere Gründe oder Entscheidungsketten zu einem Vorfall geführt haben können.

Für diese Mediendynamik ist ein Sachverhalt mitverantwortlich, der in der Medienwissenschaft lange bekannt ist. Die journalistische Objektivität ist ein Ideal, dem man nacheifert, das man aber nie erreichen kann. Journalisten konstruieren eine spezifische Medienrealität. Sie können und wollen kein tatsächliches Geschehen darstellen, weil es dieses eigentliche Geschehen objektiv gesehen gar nicht gibt. Journalisten haben ihre eigenen Formate, Stil- und Argumentationsformen. Sie sind in der Regel geschult im Umgang mit Fakten und der Subjektivität ihrer Bewertung. Gerade in der Krise kommt dies besonders zum Ausdruck: Journalisten sehen ihre Rolle nicht darin, die Unternehmensperspektive mit ihren gesamten komplexen Sachzusammenhängen abzubilden, sondern sie versuchen, eine eigenständige, unabhängige Perspektive einzunehmen. Daher berichten sie zwar faktisch oft richtig, richten ihren Blick dabei aber nicht immer auf Gründe und Zusammenhänge, die für das Unternehmen relevant und handlungsleitend sind. Das Verhalten der Unternehmen erscheint im Lichte dieser Betrachtungsweise oft fahrlässig, mutwillig und schuldhaft.

Es kommt auch vor, dass Medien bei der Berichterstattung über Krisen deutlich übers Ziel hinausschießen: Übertreibungen, überspitzte Darstellungen und Verkürzungen tragen nicht immer zur Versachlichung einer öffentlichen Debatte bei. Oft kommt auch eine durchaus problematische Vorverurteilungs- und Skandalisierungsdynamik zur Entfaltung, die Unternehmen und betroffenen Managern schon in erheblicher Form geschadet hat (zum Begriff der Skandalisierung

vgl. Kepplinger 2001, 2005, 2012; Pörksen und Detel 2012). Dies muss eine aktive Krisenkommunikation im Auge haben.
Krisenkommunikation in der analogen und digitalen Welt ist zu einer komplexen Herausforderung geworden. Für die Kommunikation in einer Krise sind insbesondere fünf Faktoren ausschlaggebend, die den Erfolg maßgeblich beeinflussen:

- Zeitdruck
- Informationsmangel
- Qualität der Vorbereitung
- Eingeübte Prozessabläufe
- Glaubwürdigkeit des Auftretens

Wenn ein Krisenfall eintritt, so ist das Zeitproblem die gravierendste Herausforderung. Die Warm-up-Phase einer Krise ist in der Regel durch einen eklatanten Mangel an Informationen geprägt. Oft sind viele zentrale Fragen unklar, etwa wie relevant das Problem sei, wie es entstehen konnte, wer dafür verantwortlich sei oder welche Folgen es haben könne. Andererseits gibt es auch einen klaren Zusammenhang zwischen Interventionszeitpunkt, Krisenverlauf (s. Abb. 1.2) und Kostenentwicklung: Je früher und konsequenter man ein Problem angeht, desto flacher verläuft die Eskalationskurve – und desto geringer ist der Reputationsschaden und desto niedriger sind in der Regel auch die Kosten zur Problembehebung.
Am Beginn einer Krise kann daher jede Minute zählen. Professionelles Krisenmanagement beginnt mit der Beschaffung von Informationen. Da in dieser Phase oft schon erste öffentliche Anfragen auflaufen, besteht der erste Schritt der Krisenkommunikation darin, sich Zeit zu erkaufen. Das kann etwa durch ein Holding-Statement an die Presse geschehen.
Der Prozess des Krisenkommunikationsmanagements sollte koordiniert und überlegt ablaufen. Kopfloser Aktivismus und widersprechende Informationen in der Öffentlichkeit sind absolut kontraproduktiv. Um dem entgegenzuwirken, ist es überaus nützlich, dass das Krisenmanagement nach einem klaren, geregelten Prozess abläuft. Unternehmen haben in der Regel zu allen möglichen Krisenszenarien entsprechende Pläne, Argumentarien und Checklisten vorbereitet.
Traditionell werden solche Informationen im Rahmen eines Krisenhandbuchs zur Verfügung gestellt und regelmäßig aktualisiert. Dabei ist das „Handbuch" nicht wörtlich zu nehmen. Digitale Plattformen ermöglichen inzwischen eine große Bandbreite an Möglichkeiten, wie man derartige Informationen im Rahmen einer Kriseninfrastruktur für ein kollaboratives, dezentrales Arbeiten zur Verfügung stellen kann. Als Minimum sollte geregelt sein, wie ein Krisenstab zusammengesetzt

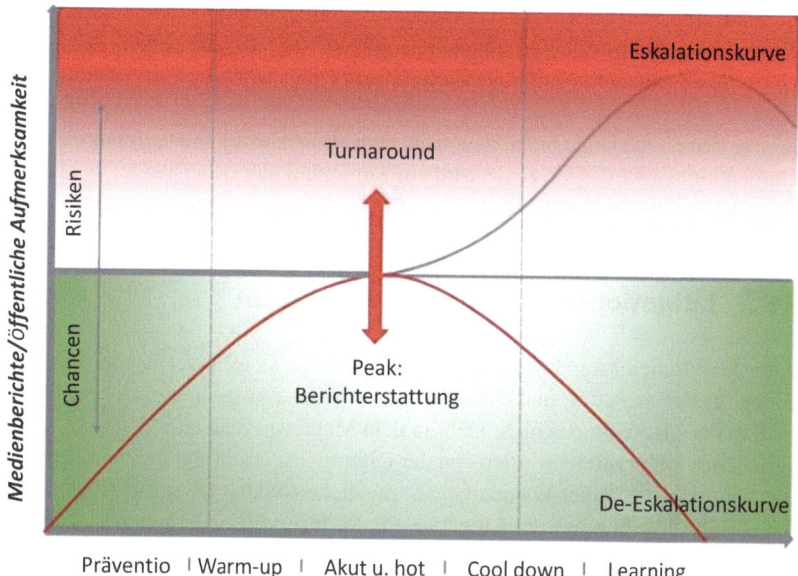

Abb. 1.2 Typischer Krisenverlauf (Fiederer und Ternès 2017)

ist, wer informiert werden muss, wie der Stab eingesetzt wird und wie die ersten Schritte des Krisenmanagements aussehen sollen. Damit dies gut funktioniert, sollte dieser Krisenmechanismus regelmäßig durch Schulungen bekannt gemacht werden. Entsprechende Krisensimulationen helfen dem Krisenstab und dem Kommunikationsteam, sich schnell und effizient an die Problemlösung zu begeben, wenn tatsächlich eine Krise eintritt.

Umfassende Informationen bilden die Grundlage, um sinnvolle und langfristig belastbare Entscheidungen zu treffen und eine solide Kommunikation aufzubauen. Die Erfahrung zeigt aber, dass Fakten nicht darüber entscheiden, ob man die Krise erfolgreich managen kann. In der Krise geht es nicht um Fakten, sondern um Glaubwürdigkeit. Kommunikation hat also nicht primär das Ziel, Fakten zu vermitteln, die aus der Perspektive des Unternehmens den Sachverhalt richtig beschreiben. Stattdessen geht es darum, faktenbasierte Informationen so zu vermitteln, dass sie in umfassender Weise von den Zielgruppen Zustimmung erhalten. Die Kommunikationsmanager müssen also in jeder Situation darauf achten, dass sie bei den Zielgruppen Glaubwürdigkeit erzeugen. Das gelingt in der Regel nicht durch das Beharren auf Fakten, Gesetzen, Paragrafen und das Einhalten einer normativen Regelkonformität – stattdessen geht es um die Akzeptanz des unternehmerischen Handelns durch die Zielgruppen. Unter Krisenkommunikatoren gilt daher die Regel: Anstand lässt sich nicht durch Gesetze erzwingen. Das Halten an Gesetze heißt noch lange nicht, dass man auch als anständig und vertrauenswürdig wahrgenommen wird. Jede Krise wird ein Kommunikator daher vor allem als Vertrauenskrise verstehen.

1.4   Litigation-PR im Straf- und Zivilrecht

In der klassischen Literatur zur Litigation-PR findet sich immer wieder die Aufteilung in eine eher straf- und eine eher zivilrechtliche Ausrichtung. Dies erscheint heute in der Medienpraxis nicht mehr in dem Maße von Bedeutung zu sein. Beide Formen des Rechtsstreits werden von der Öffentlichkeit verfolgt und von den Medien kommentiert, daher können beide erhebliche Reputationsschäden nach sich ziehen. Gleichwohl muss der Litigation-PR-Profi die Besonderheiten und Unterschiede des Straf- und des Zivilrechts natürlich kennen und berücksichtigen. Das gilt für den unterschiedlichen Ablauf genauso wie für die spezifischen Zielsetzungen. Im Strafrecht kann eine wirkungsvolle, strategische Rechtskommunikation zur Entlastung des Mandanten beitragen, um ihn so gegenüber den Anklägern zu verteidigen. Im Zivilrecht kann eine effektive Litigation-PR helfen, bestehende Ansprüche abzuwehren oder durchzusetzen. Für beide Fälle gilt: Litigation-PR kann das Klima im Gerichtssaal im Sinne des Mandanten mitbeeinflussen.

Bei strafrechtlichen Auseinandersetzungen kann Litigation-PR die Arbeit der Verteidigung wirkungsvoll unterstützen. Während der Ermittlungsphase besitzt die Staatsanwaltschaft in der Öffentlichkeit eine signifikante Informations- und Deutungshoheit. Litigation-PR kann dazu beitragen, dass dieser mediale Vorsprung der Staatsanwaltschaft korrigiert, ergänzt und neu ausgerichtet wird. Das dient nicht nur zum Schutz der Reputation des Beschuldigten, denn wenn es gelingt, dass in der öffentlichen Debatte bestimmte Fragen diskutiert werden, die in den Ermittlungen bislang keine Rolle gespielt haben, kann das dazu führen, dass sich für das Verfahren eine neue Richtung eröffnet und möglicherweise entlastende Informationen beschafft werden. Die Staatsanwaltschaft ist nach der Strafprozessordnung zur Neutralität aufgerufen. Sie muss nach § 160 StPO nicht nur belastende, sondern auch entlastende Umstände erforschen und diese später gleichermaßen berücksichtigen.

Im Zivilrecht ist die Ausgangslage naturgemäß etwas anders. Hier geht es in der Regel um Schuldverhältnisse, also vertraglich beschriebene Ansprüche, die nicht nur deliktischer Natur sein müssen. Es stehen dabei die Rechtsbeziehungen zwischen gleichgeordneten Unternehmen und Privatpersonen im Vordergrund. Dabei geht es oft um brisante Themen mit hohem Streitwert und einer oft extremen Komplexität. Litigation-PR hat in einer solchen Situation häufig die Aufgabe, ein Meinungsklima zu schaffen, bei dem sich die streitenden Parteien an einen Tisch setzen und einen Vergleich aushandeln. Positionen und Ansprüche der Parteien können durch Litigation-PR sowohl gegenüber dem juristischen Gegner als auch gegenüber der Öffentlichkeit glaubwürdig begründet werden. Bei einer schwachen Position der Gegenseite kann Litigation-PR zur Abschreckung beitragen, sodass Streitgegner ihre schwache Position etwa durch ausbleibende öffentliche Unterstützung rechtzeitig erkennen und daher eventuell von einem Rechtsstreit absehen. Ist man selbst in der schwächeren Position, so kann eine geschickte Litigation-PR-Strategie dazu verhelfen, dass die Gegenseite angesichts eines drohenden, zähen und langwierigen Rechtsstreits kapituliert und einer vorteilhafteren außergerichtlichen Einigung zustimmt.

1.5 Wachsender Bedarf an Litigation-PR

Seit den Anfängen des Pressewesens im 17. Jahrhundert gab es in den neu entstehenden, periodisch und gedruckt erscheinenden Zeitungen immer wieder auch Berichte über den Verlauf und die Ergebnisse von Gerichtsverfahren.[1] Das blieb über die Jahrhunderte hinweg allerdings eher eine Randerscheinung, da es die Vorstellung eines „öffentlichen Prozesses" erst ab dem 19. Jahrhundert gab. Ein eigenständiger Aufgabenbereich mit spezialisierten Redakteuren und Gerichtsreportern entstand dann im 20. Jahrhundert. Seitdem nimmt das Interesse der Leser, Hörer und Zuschauer an solchen Berichten kontinuierlich zu.

Parallel steigt auch der Bedarf an professioneller Litigation-PR kontinuierlich an – und das hängt nicht nur mit dem wachsenden Interesse der Medien am Gerichtssaal zusammen. Die Gründe dafür sind vielfältig. Zunächst einmal führte das kontinuierliche Drehen an der Regulierungsschraube in einigen Rechtsfeldern dazu, dass die Anzahl neuer strafrechtlicher oder zivilrechtlicher Streitsachverhalte zugenommen hat. Hier sei stellvertretend nur an die Compliance-Vorschriften für

---

[1] Ergebnis einer Stichprobe im digitalen Zeitungsarchiv der Staatsbibliothek München: 197 Treffer für den Begriff „Gericht" in allen Zeitungsausgaben des 17. Jahrhunderts. Für das 16. Jahrhundert gab es hingegen noch keine Treffer.

Unternehmen gedacht, durch die sich die Anfälligkeit für Rechtsstreitigkeiten aller Art erheblich verändert haben.

Die Streitsachverhalte in Wirtschaftsprozessen werden komplexer und auch das öffentliche Interesse daran steigt. Prozesse sind inzwischen zu einem wichtigen Nachrichtenlieferanten für Wirtschaftsmedien geworden. Zudem gibt es noch einen tiefergehenden Grund: Berichterstattung über die straf- und haftungsrechtliche Aufarbeitung der Verantwortung von Managern bedient ein amorphes Gerechtigkeitsbedürfnis der Öffentlichkeit. Man erwartet von den Gerichten eine öffentliche Aufarbeitung von Fehlentwicklungen in der Wirtschaft.

Während die Anzahl der Berichte über Prozesse steigt, nimmt die Anzahl professioneller Gerichtsreporter ab. Früher gab es sie bei jeder Regionalzeitung. Heute verfügt nur noch eine kleine Gruppe von Fachjournalisten bei einer leider schrumpfenden Zahl an Qualitätsmedien über die notwendige Expertise und Erfahrung, die oft langen Prozesse kompetent zu begleiten. Wer regelmäßig Prozesse besucht, weiß, dass Gerichtsverhandlungen für juristische Laien oft schwer zu verfolgen sind. Hier ist ein kontinuierlicher Erklärungsbedarf entstanden, um Missverständnisse in der Berichterstattung zu vermeiden.

Litigation-PR-Profis kennen und fürchten insbesondere den Trend zur Vorverurteilung: Allein die Nachricht, ein Ermittlungsverfahren sei eröffnet worden, löst bei vielen Lesern das (Vor-)Urteil „schuldig" aus – obwohl die Mehrheit der Ermittlungsverfahren ergebnislos eingestellt werden. Dieser Trend zur Vorverurteilung wird in den sozialen Medien schnell zur hemmungslosen Skandalisierung. Was in den klassischen Medien meist noch durch Fakten geerdet ist, gerät durch Verkürzung, Verdichtung, Anonymisierung und Emotionalisierung bei Facebook, Twitter und Co. schnell zur Propaganda. Hier entsteht ein neues Kommunikationsfeld, das Litigation-PR-Profis zunehmend im Blick behalten und aktiv bedienen müssen.

1.6   Litigation-PR als Handlungsfeld für Anwälte

Immer öfter werden Anwälte vor Herausforderungen gestellt, die mit klassischen, juristischen Prozessstrategien allein nicht zu bewältigen sind. Die öffentliche Wahrnehmung wird zur relevanten Größe in vielen Verfahren, aber viele Juristen scheuen die Auseinandersetzung mit den Medien, weil sie hier erhebliche Risiken sehen. Sie konzentrieren sich lieber auf den Austausch von Schriftsätzen – das für sie bekannte Terrain.

Sind die Medien aber einmal auf einen Fall aufmerksam geworden, reicht das klassische „kein Kommentar" nicht mehr. Im Gegenteil: Es wird längst von vielen

Journalisten und Lesern als stilles Schuldeingeständnis verstanden. Dabei gibt es eine Reihe guter Gründe, warum Anwälte für die Abläufe im ‚Gerichtssaal der Öffentlichkeit' offen sein sollten. Hier einige der wichtigsten:

- **Reputationsschutz des Mandanten:** Immer häufiger finden sich Anwälte und Beschuldigte in einem Szenario wieder, bei dem der Reputationsschaden mindestens so gefährlich sein kann wie das Rechtsrisiko. Wenn es am Ende heißt: Prozess gewonnen, Reputation ruiniert, haben alle verloren.
- **Erweiterung des Angebots und Verlängerung der Wertschöpfungskette:** Anwälte können durch die Kooperation mit Litigation-PR-Profis ihr Beratungsspektrum und ihre Handlungsfähigkeit deutlich ausdehnen. Sie können wesentlich dazu beitragen, dass die Berichterstattung der Medien nicht von Missverständnissen und Fehlinformationen geprägt ist. Eine langfristige Kommunikationsstrategie und eine adäquate Kommunikationsinfrastruktur erleichtern die Zusammenarbeit mit Journalisten wesentlich, weil so die komplexen juristischen Zusammenhänge für Journalisten und andere Multiplikatoren transparenter, übersichtlicher und verständlicher gemacht werden können. Von der adäquaten ‚Übersetzung' durch die Litigation-PR-Experten hängt es ab, ob ein Fall in den Medien im Sinne des Mandanten gesteuert werden kann oder nicht.
- **Bessere Erfolgschancen im Rechtsstreit:** Die Wahrnehmung von Prozessen und ihre Beurteilung durch die Öffentlichkeit kann Einfluss auf den Verlauf der Ermittlungen und den späteren Prozess nehmen. Auch wenn deutsche Gerichte in der Regel unabhängig urteilen, kann die öffentliche Meinung durchaus ein Verfahren beeinflussen. Durch Litigation-PR kann man Stimmungen aktiv gestalten, Debatten zuspitzen oder deeskalieren, man kann Druck auf die Ermittlungsbehörden ausüben oder die Gegenseite so beeinflussen, dass sie möglicherweise einlenkt – und einer schnellen Einigung zustimmt.
- **Erweiterung der Recherche- und Informationsbasis im Strafprozess:** Litigation-PR kann ein Korrektiv zur Informations- und Deutungshoheit der Staatsanwaltschaft während der Ermittlungsphase darstellen. Die Erfahrung klassischer Strafrechtsanwälte zeigt: Wenn ein Fall in den Medien diskutiert wird, dann bekommt man deutlich mehr Informationen. Zum einen liegt das an der Recherchearbeit der Journalisten, die vieles ans Tageslicht bringen, zum anderen bekommen Anwälte auf diese Weise auch immer wieder vertrauliche Informationen und Materialien zugespielt, die ihnen bei ihrer Arbeit helfen können. Selbstverständlich können dabei auch schädliche Informationen an die Öffentlichkeit kommen – aber dafür sorgt die Gegenseite in der Regel ohnehin.

- **Eigen-PR durch Expertenzitate:** Last but not least, Anwälte werden als Experten und Zitatgeber von den Medien geschätzt. Sei es das kurze TV-Statement im Anschluss an die Verhandlung oder das Hintergrundgespräch zur Erläuterung der Rechtslage – in all diesen Fällen gehen Litigation-PR und Kanzlei-PR Hand in Hand und dienen nicht nur dem Fall, sondern auch der Profilierung von Kanzlei und Partnern.

Für eine integrierte Litigation-PR-Strategie spricht also vieles. Meist sind aber genaue Kenntnisse der Medienmechanismen unerlässlich. In solchen Fällen arbeiten Kanzleien zunehmend mit hochspezialisierten Litigation-PR-Beratern zusammen. Sie haben für diese Fragestellungen ein spezifisches Methodenarsenal entwickelt und unterstützen Anwälte und deren Mandanten bei der Bewältigung von sowohl Krisensituationen als auch gerichtlichen Auseinandersetzungen. Dabei bringen sie ihr Kontaktnetzwerk und die jahrelang aufgebaute Glaubwürdigkeit bei den Journalisten mit ein. Sie verfügen über die Fähigkeit, komplexe juristische Sachverhalte für Medien verständlich aufzuarbeiten, und können Anwälte und Mandanten durch gezielte Medientrainings auf Interviews und Medienkontakte vorbereiten.

1.7 Litigation-PR und Justiz-PR

Bereits die Römer kannten das Prinzip des öffentlichen Strafverfahrens. Die Idee ging allerdings verloren und setzte sich erst im 19. Jahrhundert wieder durch. Im Zusammenhang mit der Französischen Revolution entstand die Vorstellung des liberalen Rechtsstaats. Dass ein Gerichtsverfahren grundsätzlich öffentlich stattfinden muss, gehört seitdem zu den Grundprinzipien des Rechtsstaats, die auch in der Europäischen Menschenrechtskonvention (Art. 6 Abs. 1 EMRK) normiert sind.

Die Vierte Gewalt der Medien kann daher Straf- und Zivilverfahren begleiten. Sie kontrolliert damit die Justiz und hebt den Prozess aus der Dunkelheit des Geheimverfahrens ins Licht der Öffentlichkeit. Allerdings haben sich die Rahmenbedingungen in Justiz und Medien seit dem 19. Jahrhundert massiv verändert. Wir haben inzwischen ein deutlich ausdifferenzierteres Rechtssystem, das mit immer komplexeren gesellschaftlichen, ökonomischen und technischen Entwicklungen Schritt halten muss.

Eine breite Medienöffentlichkeit verfolgt inzwischen das Geschehen im und vor dem Gerichtssaal. Soziale Medien berichten direkt aus dem Saal. Während also die Rechtsfindung drinnen noch voll im Gang ist, tickert draußen bereits die Nachrichtenmaschinerie. Wenn sich die Türen des Gerichtssaals öffnen, stehen Justiz, Anwälte und Beschuldigte nicht selten einem Blitzlichtgewitter gegenüber, auf das sie oft unvorbereitet sind und dementsprechend irritiert reagieren.

In der Konsequenz sind auch die Anforderungen an die Justiz kontinuierlich gestiegen. Aus der verfassungsmäßig gesicherten Informations*freiheit* ist heute ein Informations*anspruch* der Journalisten geworden: „Die Behörden sind verpflichtet, den Vertretern der Presse die der Erfüllung ihrer öffentlichen Aufgabe dienenden Auskünfte zu erteilen," heißt es beispielsweise im Niedersächsisches Pressegesetz (NPresseG § 4 (1)). Die Arbeit der Pressestellen ist in der Konsequenz deutlich ausgebaut worden. Wir sehen heute professionelle Richter in der Rolle von Pressesprechern der Justiz und auch in den Pressestellen der Staatsanwaltschaften begegnet man nicht selten Spitzenjuristen – „Bewährung als Pressesprecher" gilt vielerorts sogar als karrierefördernd. Sie kommunizieren an der Schnittstelle zwischen Justiz und Medien und übersetzen die komplexen Vorgänge des Rechts für die Öffentlichkeit, was auch notwendig ist. Justizberichterstattung wird zunehmend zu einer öffentlichen Aufgabe und das Spielfeld erweitert sich ständig. Wir erleben twitternde Staatsanwaltschaften, BGH-Richter in der Rolle von Starkolumnisten, OLG-Richterinnen als Role Models in Frauenzeitungen und Strafrechtsanwälte als True-Crime-Blogger.

Zweifellos ist die Kommunikation vieler Behörden besser geworden. Vielen Pressesprechern fehlt allerdings nach wie vor die Erfahrung im Umgang mit den Medien. Daher schwankt die PR-Performance auch von Gericht zu Gericht deutlich. Oft ist nicht klar, warum die Pressestellen über manche Fälle proaktiv informieren, über andere aber nicht. Die Präsenz im und vor dem Gerichtssaal lässt oft zu wünschen übrig. Hintergrundinformationen liefern sie selten, die Reaktionsbereitschaft gegenüber der Öffentlichkeit orientiert sich am Wortlaut des jeweiligen Pressegesetzes. Dabei werden Anfragen von Bloggern oder PR-Kollegen gern auch ignoriert, weil sie nach dem Wortlaut des Gesetzes nicht unter die Auskunftspflicht fallen.

Aber auch das grundsätzliche mediale Setting hat sich verändert. Wenn man manche Medienberichte liest, hat es den Anschein, als ob die Entertainment-Funktion bei vielen Medien die Oberhand gewinnen würde und die Kontrollfunktion gegenüber den Institutionen der Justiz vielen Journalisten gar nicht mehr bewusst sei. Die Berichterstattung konzentriert sich vielfach auf die Beschuldigten und endet nicht selten in ihrer kompletten Skandalisierung. Der Schutz von Beschuldigten *durch* die Öffentlichkeit kippt dann um in einen Bedarf an Schutz *vor* den Medien (Trüg 2011, S. 1041)

Für Prominente, Politiker oder Manager kann der Gang in den Gerichtssaal zum Spießrutenlauf werden. Schon lange wird daher diskutiert, wie weit die Pflicht zur Auskunftserteilung der Behörden etwa in Strafrechtsverfahren wirklich gehen dürfe. Führende Strafrechtsanwälte machen sich dafür stark, dass die Informationspflicht dann ihre Grenzen hat, wenn das allgemeine Persönlichkeitsrecht eines Beschuldigten von der Medienberichterstattung betroffen sei. Allgemein geht man inzwischen sogar von einer Fürsorgepflicht der Justiz aus. Das Gericht hat zwar keinen Einfluss auf die in den Medien verbreiteten Inhalte, es muss aber die Rahmenbedingungen schaffen, dass einer diffamierenden Berichterstattung nicht Vorschub geleistet wird (Trüg und Mansdörfer 2012, S. 163). Hier bewegen sich die Pressesprecher der Justiz also auf einem schmalen Grat zwischen Informations- arbeit und Vorverurteilung.

In der Justiz-PR sieht man manch positive Entwicklung: Pressesprecher der Justiz geben gemeinsame Pressekonferenzen mit den Vertretern der Streitparteien. Auch trifft man inzwischen gelegentlich Maßnahmen zum Schutz der Persönlich- keitsrechte Angeklagter, etwa wenn der Gerichtssprecher an der Vorderseite des Gerichts Interviews gibt und Kameras auf sich zieht, während beschuldigte Top- manager durch den Hintereingang das Gerichtsgebäude betreten. Der spektakuläre Sprung aus dem ersten Stock des Essener Landgerichts, mit dem Ex-Arcandor- Chef Thomas Middelhoff 2014 vor der Presse flüchtete, sollte eigentlich der Ver- gangenheit angehören.

Die Regel ist es nicht. Auch in Bezug auf das Durchstechen von Dokumenten liegt manches im Argen. Daran sind auch die Streitparteien, deren Anwälte und Litigation-PR-Experten beteiligt. Aber es ist schon erstaunlich, welche Prozess- dokumente regelmäßig in der Öffentlichkeit landen. Die Quelle kann man kaum nachvollziehen: Irgendwann knallt es in den Medien – aber man weiß nicht genau, woher der Torpedo kam. Aus Journalistenkreisen ist durchaus bekannt, dass es gute und etablierte Kontakte einzelner Staatsanwälte zu Investigativjournalisten gibt. Durchstechereien und Foulspiel aus der Staatsanwaltschaft muss deshalb auch ins Kalkül mit einbezogen werden.

Die Leistungsfähigkeit der Behördenkommunikation hängt stark von den Einzelpersonen in den jeweiligen Abteilungen ab. Unvergessen ist der historische Moment, als Marcus da Gloria Martins, der Sprecher der Münchner Polizei, die Ereignisse rund um den Anschlag in München am 22. Juli 2016 quasi live be- gleitete – und dafür bundesweit hohe Anerkennung (und PR-Preise) gewann. Auch in der Justiz-PR gab es immer wieder Lichtgestalten, wie etwa die Richterin An- drea Titz, die einem breiten Publikum im Zuge der Medienberichterstattung über den Strafprozess Hoeneß sowie dem NSU-Prozess bekannt wurde.

Noch ein letzter Blick sei auf das Thema **Behördenkommunikation in den sozialen Medien** gerichtet. Hier gibt es inzwischen herausragende Beispiele, wie man dies richtig machen kann. So hat etwa die gerade erwähnte Münchner Polizei vielfach gezeigt, wie man mit Twitter und Co. bei der Bevölkerung Bürgernähe aufbauen sowie die Menschen in schwierigen Situationen schnell und zielgenau informieren kann.

Wichtige Twitter-Accounts der Justiz
Bundesministerium für Justiz und Verbraucherschutz: @BMJV
Bundesverfassungsgericht: @BVerfG
Bundesverwaltungsgericht: @BVerwG_de
Bundesfinanzhof: @bfh_bund
Bundessozialgericht: @bsg_bund
Bundesgerichtshof: @BGH_Bund
Generalstaatsanwaltschaft Berlin: @GStABerlin
Bundesanwaltschaft: @GBA_b_BGH

Die oben genannten Justizbehörden sind durchaus in den sozialen Medien präsent. So sind etwa die Justizministerien, die Bundesgerichte, die Bundesanwaltschaft und die Polizei auf Twitter vertreten. Auf den unteren Ebenen ist man aber über zaghafte Versuche nicht hinausgekommen – wie etwa bei der Staatsanwaltschaft Augsburg.

In der Behördenkommunikation sollte Sachlichkeit und Glaubwürdigkeit Vorrang haben. Wenn etwa der Verfassungsschutz Niedersachsen versucht mit „lustigen" Memes und aufgesetzter Jugendsprache zu punkten, dann ist die Grenze zur Lächerlichkeit oft fließend. Hubig spricht angesichts dessen nicht zu Unrecht von Anbiederung: „Es hapert mächtig an der Sachlichkeit der Kommunikation hoheitlicher Social-Media-Profile. Das ist nicht nur lästig, sondern auch auf Grund der Grundrechtsintensität stets ein Tanz auf Messers Schneide" (2021). Wie dem auch sei: Experimente sind in der Justizkommunikation stets willkommen – Angemessenheit ist dabei aber Pflicht.

1.8 Sprache und Argumentation des Rechts und der Medien

Schon viel ist geschrieben worden über die Konflikte zwischen Kommunikatoren und Justiziaren in Unternehmen (etwa in der Streitkolumne *Alles was recht ist* zwischen Sieber und Klindt in der Zeitschrift *kom*, 2014ff.). Rechts- und Kommunikationsabteilungen ziehen allzu oft in gegensätzliche Richtungen. Kommunikatoren nehmen die Hausjuristen oft als Projektverhinderer wahr, die notwendige kommunikative Maßnahmen blockieren oder künstlich in die Länge ziehen. Welcher Kommunikator hat es nicht schon erlebt, dass seine Textentwürfe und

Pressemitteilungen zur Unkenntlichkeit vom Legal Department gekürzt zurückgeschickt wurden. Oft werden auf diese Weise ursprünglich interessante Unternehmensnachrichten zu einer Karikatur von Kommunikation verzerrt: weichgespülte Gemeinplätze in nachlässigem Nominalstil.

Die Vorstellungen darüber, was kommunizierbar ist und was man sagen muss oder besser verschweigen sollte, gehen oft weit auseinander. Und so lassen die Juristen an ihren Kollegen aus der Kommunikation nicht selten auch kein gutes Haar. Sie sehen sie als ahnungslose Plaudertaschen, die sich oft ohne Sinn und Verstand öffentlich um Kopf und Kragen reden. Schnell ist da von Geheimhaltung und Haftungsrisiken die Rede (Sieber und Löffel 2016). Dabei klafft hier schlicht ein Kulturbruch.

Gerade die Juristen der alten Schule erkennen die Rolle oft nicht, die die Öffentlichkeit in ihren milliardenschweren Rechtsstreitigkeiten einnimmt. Für sie hat die juristische Strategie Vorrang. Sie entscheidet über Gewinnen oder Verlieren des Rechtsstreits, und die Waffe ist der Schriftsatz. Ihm gehört das eigentliche Interesse – auf seiner juristischen Dignität und Qualität liegt der Schwerpunkt juristischen Arbeitens. Journalisten verstünden die komplexe juristische Argumentation in der Regel nicht, so sieht es zumindest mancher Jurist. Sie erleiden körperliche Schmerzen, wenn sie am nächsten Tag in der Zeitung lesen, was Journalisten aus ihren luziden und komplexen Abwägungen und Subsumptionen machen – einen juristischen Alptraum aus unpräzisen und unzutreffenden Darstellungen.

Eine solche vorurteilsbehaftete Sicht- und Vorgehensweise ist oft sachlich falsch und meist kontraproduktiv. Wenn sich Juristen und Kommunikatoren gegenseitig im Weg stehen, verhindert das die Nutzung der Chancen, die sich durch eine konstruktive Litigation-PR ergeben. Dass es nicht so sein muss, zeigen inzwischen vermehrt Beispiele einer respektvollen und äußerst erfolgreichen Zusammenarbeit. Das ist auch naheliegend, denn Juristen und Kommunikatoren haben mehr gemeinsam, als sie trennt: Im Unternehmen gehören sie in der Regel zu einer kleinen Gruppe von Mitarbeitern, die die Kraft des Wortes kennen und nutzen; beide legen Wert auf die Qualität ihrer Aussagen; beide glauben daran, dass Konflikte einzig und allein durch die Sprache und Argumentation zu lösen und beizulegen seien. Das sollte sie eigentlich zu Partnern in einer Welt der Betriebswirte und Ingenieure machen – wenn es da nicht trennende Probleme gäbe, die die Zusammenarbeit durchaus erschweren können:

- Terminologie
- Stilistik
- unterschiedliche Argumentationsweisen

Da es sich hierbei um Probleme handelt, die immer wieder für Sand im Getriebe zwischen dem juristischen und dem kommunikativen Gewerk sorgen, möchte ich darauf kurz eingehen.

Ein immer wiederkehrendes Problem hängt mit der juristischen Präzision im kategorialen Denken zusammen und mit der dazu nötigen, spezifischen Fachterminologie. Selbstverständlich haben die verschiedenen Disziplinen der Juristerei ihre eigenen, spezialisierten Fachbegriffe hervorgebracht – das haben sie mit praktisch allen anderen Fachwissenschaften gemeinsam. Während Fragen zur Terminologie im öffentlichen Diskurs über, sagen wir, die Stahl- oder Computerbranche zwar Erklärungsbedarf, in der Regel aber kein Konfliktpotenzial bieten, sieht das in der Juristerei etwas anders aus. Für einen Juristen besteht nun einmal ein gravierender Unterschied zwischen Besitz und Eigentum, denn das Gesetz unterscheidet – anders als die meisten Menschen – sehr genau zwischen dem Eigentümer einer Sache und dem Besitzer: Ein Besitzer ist derjenige, in dessen Einflussbereich sich die Sache befindet und der deshalb auf sie zugreifen kann (BGB § 854). Im Alltag wird oft davon gesprochen, dass jemand eine Sache besäße, meint damit in Wirklichkeit aber den Eigentümer. Das gilt auch für die Medien, die in der Regel keine derart hohe begriffliche Präzision benötigen, sondern im Gegenteil die Aspekte für ihre Leser vereinfachen und verdeutlichen müssen.

In der Rechtsausübung gibt es eine Reihe solcher begrifflichen Ausdifferenzierungen, die allgemeinsprachlich nicht in dieser Form genutzt werden. So besteht beispielsweise zwischen einem Angeklagten und einem Beklagten ein grundlegender Unterschied: Ein Angeklagter ist nach deutschem Recht im Strafverfahren der Beschuldigte, gegen den die Eröffnung des Hauptverfahrens gemäß § 203 StPO beschlossen oder ein Strafbefehl erlassen worden ist. In Zivilprozessen spricht man hingegen von Beklagten. Zivil- oder Strafprozess: Das ist für Juristen ein gravierender Unterschied und es ist dementsprechend verständlich, dass sie hier begrifflich differenzieren.

Im öffentlichen Diskurs spielen diese Unterscheidungen aber kaum eine Rolle und Journalisten gehen anders damit um: Die Nutzung von Fachterminologie in den Medien ist für sie eine bekannte Herausforderung. Sie sind durch Ausbildung und berufliche Praxis darauf geschult, Fachterminologie und -jargon zu vermeiden. Im Dienste ihrer Leser verstehen sie sich in der Regel als Übersetzer, die eine Sache verdeutlichen und verständlich machen müssen. Dass es bei dieser Übersetzungsleistung mitunter Kollateralschäden im Bereich der Präzision gibt, wird von Journalisten billigend in Kauf genommen. Zumal es im Bereich der Rechtssprache in der Tat einiges an stilistischem Bombast gibt, was man oft ohne Verluste für das allgemeine Verständnis kürzen kann. Damit meine ich die Tendenz (auch das hat die Juristerei mit anderen Fachwissenschaften gemein) zu einer besonders auserlesenen, gestelzten, manchmal veralteten und dadurch oft dysfunktionalen Sprache. Warum Juristen beispielsweise besonders gern die Ausdrücke „paraphieren" und „unterfertigen" statt „unterschreiben" oder „unterzeichnen" verwenden, kann nur mit einer ausgeprägten Neigung zum Fachjargon erklärt werden. Dies sind Stilmuster einer sozialen Schichtung, soziale Marker, die weniger Präzision als vielmehr Zugehörigkeit zu einer Berufsgruppe markieren – und deswegen durchaus zu Recht von Journalisten ausgesondert werden können.

Ähnlich ist es mit dem juristischen Nominalstil (viele Substantive, aber wenige Verben), der von Kommunikatoren gern und berechtigterweise kritisiert wird. Gegenteilig dazu gibt es den Verbalstil, bei dem viele Verben, aber nur wenige Substantive zum Einsatz kommen. Dieser entspricht eher der Umgangssprache und gilt daher als lebendiger, dafür weniger prägnant. Journalisten lernen in ihrer Ausbildung, wann immer möglich im Verbalstil zu schreiben. Nominalgruppen werden in verbale Fügung umgebaut – auch das ist eine beliebte Übung in der Redakteursausbildung. Der Nominalstil ist in juristischen und behördlichen Texten weitverbreitet, auch dies dient als Kennzeichen eines fachlichen Jargons – aber eben nicht nur. Denn der Nominalstil entsteht auch aus Gründen der Sprachökonomie und Reduktion von syntaktischer Komplexität. Denn mithilfe dessen können oft Nebensätze eingespart und die Informationsverteilung im Satz verdichtet werden. Das wirkt in der Regel präziser (die Beispiele in Tab. 1.1 habe ich dem Wikipedia-Artikel zum „Nominalstil" entnommen, o. J.-e).

Man kann daran unschwer erkennen, welche Beispiele eher der Rechtsprache angehören und wie Kommunikatoren sie für die Medien übersetzen würden.

Der gravierendste Unterschied zwischen Rechts- und Mediensprache liegt aber nicht im Stil oder Fachwortschatz begründet, sondern in der unterschiedlichen Argumentationsart, weswegen der Rechtsphilosoph Robert Alexy angesichts der rechtlichen Argumentationsform auch vom „juristischen Diskurs als Sonderfall des

Tab. 1.1 Nominal- vs. Verbalstil (eigene Darstellung)

Nominalstil	Verbalstil
Die Weigerung des Ministers führte zu Streit in der Koalition.	Der Minister weigerte sich, was zu Streit in der Koalition führte.
Ich habe in Erwägung gezogen, eine Messung durchzuführen.	Ich habe erwogen zu messen.
Bis zum Inkrafttreten des Gesetzes dauerte es.	Es dauerte, bis das Gesetz in Kraft trat.
Ich handelte vermöge meines Verstandes so.	Ich handelte so, weil ich es aufgrund meines Verstandes vermochte.
Das Vorhaben des Treffens der Minister der Länder scheiterte.	Die Minister der Länder hatten vor, sich zu treffen, was scheiterte.

allgemein praktischen Diskurses" spricht (2019, S. 261). Der juristische Diskurs teilt einige wesentliche Prinzipien mit anderen öffentlichen Diskursen: die Verhandlung praktischer Fragen gesellschaftlicher Relevanz, die Herrschaftsfreiheit, die Orientierung an einem festen Verfahren, die Wahrheitspflicht und dergleichen mehr.

Die Argumentationsprinzipien erlernen Juristen im Laufe ihres Studiums. Sie sind nicht verschieden von anderen Formen der rationalen Logik: Der Syllogismus, die Canones der Auslegung und die dogmatische Argumentation begründen ein strenges System des juristischen Schließens. Juristen erlernen sie als System der Subsumtion, also dem Vorgang, bei dem man einen Begriff unter einen anderen ordnet, ihn also subsumiert. Juristen verstehen darunter die Anwendung einer Rechtsnorm auf einen Lebenssachverhalt („Fall").

Der Unterschied zwischen juristischer und öffentlicher Argumentation liegt in der Bindung an das geltende Recht. In der juristischen Erörterung geht es eben nicht um alle möglichen Fragen des öffentlichen Interesses, und es geht schon gar nicht um Letztbegründungen von Problemen. Der juristische Diskurs findet unter Einschränkungen statt – und das ist vielen Mediennutzern nicht in der Form bewusst:

> „Der in juristischen Diskursen erhobene Anspruch auf Richtigkeit unterscheidet sich deutlich von dem des allgemeinen Diskurses. Es wird nicht beansprucht, dass die behauptete, vorgeschlagene oder als Urteil verkündete normative Aussage schlechthin vernünftig ist. Sondern nur, dass sie im Rahmen der geltenden Rechtsordnung vernünftig begründet werden kann." (Alexy 2019, S. 264)

Während der mediale Diskurs in all seiner Schwäche und Beschränktheit versucht, auf vernünftige Weise zur Wahrheitsfindung beizutragen, wird das im juristischen Diskurs gar nicht erst versucht. Hier geht es nicht um Wahrheit und streng genommen nicht einmal um Gerechtigkeit. Dies ist auch der Grund, warum so häufig gerade die Boulevardmedien überaus kritisch über angeblich falsche Urteile deutscher Gerichte oder Entscheidungen deutscher Behörden berichten: weil diese einem vermeintlichen, gesunden Menschenverstand, einem vermeintlich allgemein vorhandenen, moralischen Gerechtigkeitsempfinden widersprechen. Darum geht es aber im juristischen Diskurs in der Regel nicht – und dieses Problem begründet eine zentrale Aufgabe der Litigation-PR.

1.9 Anwendungsfelder der Litigation-PR

Litigation-PR hat ihren Ursprung in der amerikanischen Strafprozesspraxis. Die Besonderheiten des amerikanischen Prozessrechts, insbesondere das Jurysystem, bringen eine hohe Affinität der Strafjustiz für öffentliche Meinungsdynamiken mit sich. In den Vereinigten Staaten gehört es daher seit Jahrzehnten zur Prozesskultur, dass man die öffentliche Meinung mit ins Kalkül einer Prozessstrategie einbezieht. Kein Wunder, dass das Genre des Prozessfilms in Amerika entstanden und dort auch zu einer wesentlichen Erscheinung der Popkultur geworden ist (Sherwin 2002). Ich erinnere nur an Filmklassiker wie *Die zwölf Geschworenen* (Sidney Lumet) oder *Zeugin der Anklage* (Billy Wilder) – beide aus dem Jahr 1957 –, die eine lange Reihe von Gerichtsdramen begründet haben.

Die Professionalisierung der Litigation-PR als Disziplin begann in den USA in den 1980er-Jahren. Allerdings standen dabei vor allem Zivilprozesse im Vordergrund (Haggerty 2012). Die Schadenssummen, um die es in amerikanischen Zivilprozessen geht, sind oft enorm, die wirtschaftlichen Risiken im Fall des Unterliegens sind dementsprechend hoch. Kein Wunder, dass die betroffenen Organisationen kein Detail dem Zufall überlassen wollen – auch nicht den Einfluss der öffentlichen Meinung:

> „In major lawsuits, it is expected, that both sides will have spokespeople interacting with media on a daily basis. Indeed, a party to a lawsuit that attracts media attention might be considered remiss if they did not have a point of contact for the case." (Haggerty 2012, S. 44)

In den USA sind Litigation-PR-Kosten zumindest im Zivilprozess klare Aktiva: Man hat verstanden, dass die Gerichtsakten keine Story erzählen, dass die Story aber ganz wesentlich darüber mitentscheidet, wie ein Fall wahrgenommen wird, denn *Perception is key!*

In Deutschland liegt der Fall etwas anders, denn es bestehen deutliche Unterschiede zum amerikanischen Recht und auch das Mediensystem ist anders aufgebaut. Hier ist eine Litigation-PR-Praxis entstanden, die klar von der deutschen abweicht (Schmitt-Geiger 2012).

Der Einfluss der Öffentlichkeit existiert in Deutschland auch beim Rechtsstreit über klassische Verbrechensdelikten. Das zeigen zahlreiche spektakuläre Prominentenprozesse der Vergangenheit, bei denen es etwa um den Vorwurf sexueller Nötigung (wie bei Jörg Kachelmann), Drogenbesitz (Christian Lell) oder um Kinderpornografie (Sebastian Edathy) ging. Die Schlagzeilen sind vielen in Erinnerung geblieben. Der öffentlich gewordene Rechtsstreit hat Reputationen beschädigt oder vernichtet – endete aber zumindest in den drei genannten Fällen mit der Einstellung der Verfahren.

In solchen Situationen steht die persönliche Reputation auf dem Spiel. Unmittelbar nach Bekanntwerden eines staatsanwaltschaftlichen Ermittlungsverfahrens sind öffentlich bekannte Personen daher gut beraten, sich nicht nur einen guten Strafrechtsanwalt, sondern auch einen Litigation-PR-Experten zu suchen. Er kann dazu beitragen, dass einer drohenden Skandalisierung durch die Medien entgegengewirkt wird und man der Informationsdominanz der Staatsanwaltschaft etwas entgegensetzen kann:

> „Gerade im Zuge der ersten Ermittlungen wird in den Medien bereits das ‚Charakterbild' des von den Ermittlungen Betroffenen geschaffen. Die erste Vorverurteilung findet statt. Wer in der ersten frühen Phase nicht sofort mit einer entsprechend sorgsam orchestrierten Informationspolitik entgegensteuert, der riskiert extrem viel, insbesondere dann, wenn er Chef eines Unternehmens ist." (Holzinger und Wolff 2009, S. 187)

Inzwischen ist das Spektrum an Aufgabenfeldern in der Litigation-PR deutlich breiter geworden. In der Praxis zeigt sich ein heterogenes Bild, wie auch Abb. 1.3 zeigt: Zahlreiche äußerst unterschiedliche Rechtsauseinandersetzungen haben ein breites öffentliches Interesse auf sich gezogen und Fälle von öffentlichem Interesse sind potenzielle Anwendungsfelder der Litigation-PR. Am auffälligsten sind die klassischen Wirtschaftsstrafrechtsfälle (Untreue, Korruption), aber auch Haftungsfälle, kapitalmarkt- oder umweltrechtliche Themen können ein enormes Interesse auf sich ziehen. Fälle aus dem öffentlichen Recht kommen in der Litigation-PR-Praxis eher selten vor – aber es gibt sie. Wir gehen unten in Kap. 5 noch auf einige exemplarische Probleme ein.

In der Praxis hat sich Litigation-PR gegenüber der klassisch amerikanischen „Court Room PR" deutlich weiterentwickelt. Dabei fallen vor allem zwei Unterschiede auf:

- Litigation-PR beschränkt sich nicht mehr auf den eigentlichen Prozess. Bei einer steigenden Anzahl an Fällen steht ein Prozess nicht zur Diskussion – oder wird nur als Ultima Ratio angesehen. Im Gegenteil: Die Aufgabenstellung besteht darin, einen Prozess zu verhindern, einen drohenden Rechtsstreit durch Druck aus den Medien zu deeskalieren oder aber dafür zu sorgen, dass Personen des öffentlichen Lebens aus den Medien gehalten werden.
- Litigation-PR hat nicht mehr allein mit Medien zu tun – sie ist zur Stakeholder-Kommunikation geworden. Kommunikationsstrategien kommen immer häufiger ohne Medien aus, oder sehen eine mediale Eskalation nur als potenzielles Krisenszenario vor. Das Spielfeld verschiebt sich in den vorpolitischen Raum und auch die Mitarbeiter- und Partnerkommunikation in Unternehmen gewinnt an Bedeutung.

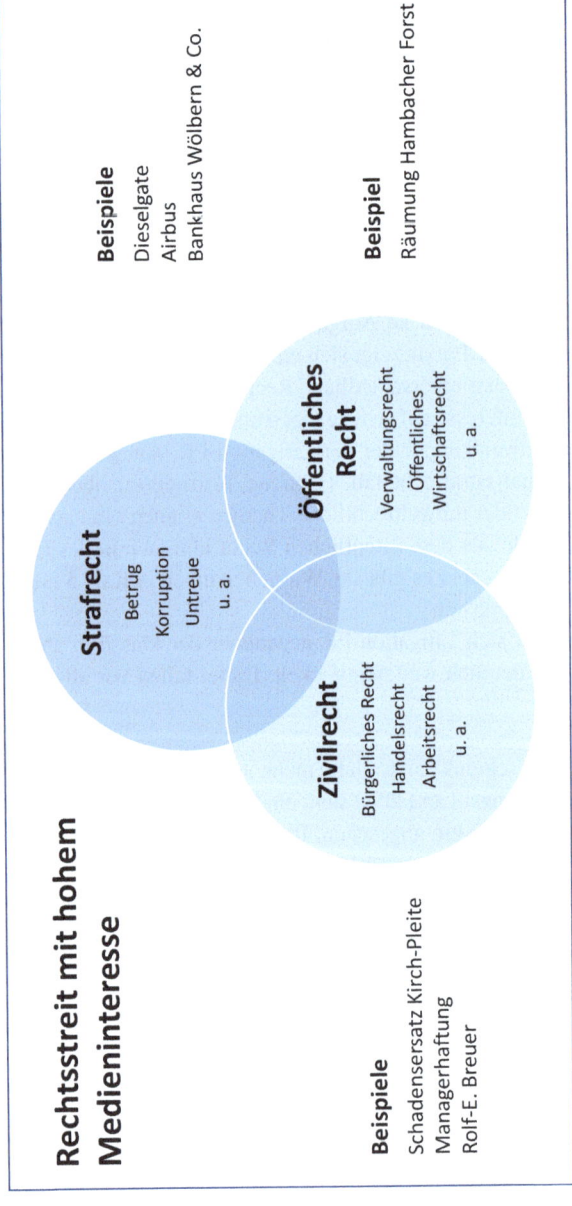

Abb. 1.3 Rechtsauseinandersetzungen mit hohem Medieninteresse (eigene Darstellung)

Die klassische Arena der Litigation-PR ist und bleibt allerdings der Gerichtssaal. Hier finden die epischen Auseinandersetzungen um Gut und Böse statt, um Recht oder Unrecht. Die verhandelten Fälle sind so bunt wie das Leben. Zu Prozessbeginn erheben sich alle im Gerichtssaal und erkennen damit die Macht der Kammer an, über den Fall zu entscheiden und den Streit beizulegen. Die stille Vierte Kraft sitzt aber auch im Gerichtssaal, auf den Beobachterbänken: Es sind die Medien. Schnittstelle zu ihnen zu sein, sie mit sachlichen Fakten und einer spannenden Story zu versorgen – das ist nach wie vor die wichtigste Aufgabe der Litigation-PR.

Bezugsgruppen und Wirkungsfelder der Litigation-PR

2

Zusammenfassung

Litigation-PR beschäftigt sich mit Rechtsstreit. Sie nutzt dabei Taktiken und Instrumente der Krisen-PR, ist aber in einen völlig anderen Handlungsrahmen eingebunden: den des Rechtswesens. Dadurch ergeben sich eine Reihe von spezifischen Bezugsgruppen, die wichtigsten davon werden in diesem Kapitel im Überblick dargestellt: Justiz, Medien und Unternehmen. Je nach Ausbildungshintergrund müssen Litigation-PR-Experten ihre Kenntnisse in Bezug auf einzelne dieser Bezugsgruppen ausbauen. Je nach Art des vorliegenden Rechtsstreits können noch zahlreiche weitere Stakeholdergruppen hinzukommen – dieses Kapitel konzentriert sich auf die wichtigsten.

Am Anfang steht der Streit. In der Eingangsszene von Stanley Kubricks filmischem Meisterwerk *2001: Odyssee im Weltraum* (1968) wird es auf den Punkt gebracht: Eine Gruppe Vormenschen, noch sehr affenartige Primaten, versucht, in einer kargen Wüstenlandschaft zu überleben. Kampf um Nahrung, Wasser und Territorien sind an der Tagesordnung. Schließlich hat einer der Hominiden einen Geistesblitz, denn in einem herumliegenden Knochen erkennt er eine Waffe. Damit kann er viel effektiver Beute erlegen und sich verteidigen – ein enormer Fortschritt für die Gruppe und für sein Sozialprestige. Dann gerät aber das Ganze außer Kontrolle. Die eigentliche Entwicklung hin zum Menschsein beginnt, als dieser Vorfahre lernt, die Waffe auch gegen andere Hominiden einzusetzen – es ist die berühmte Zarathustra-Szene, die in die Filmgeschichte eingegangen ist. Der Aufstieg des

Menschen beginnt mit Gewaltexzessen, die Menschheit erwächst aus Streit – so legt es die Erzählung des Filmes nahe. Und seitdem, muss die Menschheit mit diesem Streit umgehen.

Streit ist eine der ursprünglichsten Verhaltensformen des Menschen und gehört quasi zu seinem archaischen Erbe. Dabei spielen oft soziale Rahmenbedingungen eine Rolle, die einen solchen Streit verursachen, also Meinungsverschiedenheiten aller Art wie auch Interessenkonflikte zwischen Einzelnen oder Gruppierungen: Andere halten sich vermeintlich nicht an bestimmte Regeln, soziale Normen, an Ansprüche oder verabredete Handlungspläne, die scheinbar als verbindlich vorausgesetzt werden.

Ein Streit ist im besten Fall ein offen ausgetragener Schlagabtausch und Austausch der jeweiligen Positionen. In der Form kann er ein wichtiger Bestandteil unserer Kultur sein: Ohne Streit gäbe es keine Entwicklung und keinen Fortschritt. Streit muss aber in ein gesellschaftliches Korsett eingehegt sein, sonst gilt schnell das Recht des Stärkeren – mit gefährlichen Folgen: Denn der offene Ausbruch eines Streits ist oft von irrationalen Motiven wie Eifersucht, Hass, Neid oder Ruhmsucht geprägt. Das führt dann dazu, dass Streit eine zerstörerische Macht gewinnt. In diesem Fall muss die Gesellschaft und unter anderem die Justiz als ein dafür vorgesehenes Organ regulierend eingreifen. Sonst drohen Exzesse der Gewalt und Selbstjustiz – mindestens aber die Implosion des Vertrauens in die gesellschaftlichen Instanzen. Die institutionelle Schlichtung und Beilegung eines Streits ist daher ein gesellschaftlich notwendiger Prozess. Dies ist primär die Aufgabe des Rechtsstaats, der Organe des Rechts und der Rechtspflege, die den Streit in ein enges Konstrukt von Normen einhegen.

Wenn man sich also mit der Beilegung von Rechtsstreiten im öffentlichen Raum beschäftigt, ergeben sich drei wichtige Bezugsgruppen für Litigation-PR-Experten:

• Justiz
• Medien und Meinungsbildner
• Unternehmen und ihre Vertreter

Bevor wir uns näher mit der Funktionsweise von Litigation-PR beschäftigen, sei ein kurzer Blick auf diese Bezugsgruppen erlaubt.

2.1   Die Justiz

Unter einem Rechtsstreit versteht man im Rechtswesen **institutionell** ein Gerichtsverfahren, aber **materiell** eine zwischen zwei Parteien in einem gerichtlichen Verfahren ausgetragene Auseinandersetzung über ein Rechtsverhältnis. Wesentliche

Gesetze mit materiellem Inhalt sind insbesondere das **Bürgerliche Gesetzbuch (BGB)**, das **Handelsgesetzbuch (HGB)** oder das **Strafgesetzbuch (StGB)**. Sie regeln, wie Rechte mit einem bestimmten Inhalt entstehen, übertragen oder geändert werden und wie sie erlöschen. BGB, HGB und StGB regeln jedoch nicht, wie eine betroffene Partei diese Rechte durchsetzen kann. Dazu dient das formelle Recht, das beispielsweise im **Zivilprozessrecht (ZPO)**, **Strafprozessrecht (StPO)** oder **Gerichtsorganisations- und Gerichtsverfahrensrecht** kodifiziert ist. Obwohl der Begriff des Streits eher in der Zivilprozessordnung verankert ist und weniger auf den Strafprozess passt, habe ich ihn hier etwa stärker in den Vordergrund gestellt. Denn im Kern ist es dieser Streit, der das Interesse der Öffentlichkeit und insbesondere der Medien auf sich zieht.

Die Aufgabe der Justiz besteht unter anderem darin, diesen Streit zu schlichten und beizulegen. Im Strafrecht geht es konkret darum, bestimmte verbotene Verhaltensweisen als „Straftaten" mit einer Strafe zu sanktionieren. Ziel des Strafrechts ist der Schutz bestimmter Rechtsgüter, so etwa Leben, Gesundheit und Eigentum, die Sicherheit und Integrität des Staates sowie elementare Werte des Gemeinschaftslebens. Als Hauptzweck gelten über die Grenzen der Rechtskreise hinaus außerdem auch die Vergeltung, die Prävention, der Schutz der Allgemeinheit und Resozialisierung. Grundlage bildet **die individuelle Schuld**, die im Strafprozess festgestellt werden muss.

Nach dem heute vorherrschenden Schuldbegriff geht es dabei um die persönliche *Vorwerfbarkeit* vorsätzlichen oder fahrlässigen Verhaltens. Sie leitet sich etwa aus unerlaubtem Handeln, also einem Verstoß gegen bestehende Gesetze ab. Über diese Vorwerfbarkeit besteht verständlicherweise zwischen den Prozessbeteiligten erheblicher Dissens – was nicht zuletzt den Bedarf an Litigation-PR begründet. Ich möchte darüber hinaus nicht weiter auf die deutlich höhere Komplexität des Schuldbegriffs eingehen. Nur eine Ergänzung noch: Wenn man im Privatrecht von Schuld spricht, so steht dahinter eine andere Schuldvorstellung als im Strafrecht. Gemeint ist eine von einem Schuldner gegenüber seinem Gläubiger übernommene Leistungspflicht. Ein zivilrechtlicher Anspruch kann deliktischer Natur sein, er kann sich aber auch nur aus vertraglich übernommenen Verpflichtungen ergeben.

Ist der Streit nicht anders als durch einen Prozess zu lösen, ergeben sich einige natürliche Instanzen und Rollen, die man in der Litigation-PR ins Kalkül nehmen muss. Der direkte Kontakt zu diesen Instanzen obliegt in der Regel nicht den Kommunikatoren, sondern sie ist den Anwälten als Rechtsorgane vorbehalten. Gleichwohl ist es natürlich für den Litigation-PR-Experten unumgänglich, diese Instanzen und ihre Rolle zu kennen – dazu gleich noch mehr.

2.1.1 Einfluss der Litigation-PR auf die Justiz

Darf Litigation-PR Einfluss auf die Abläufe in der Justiz nehmen? Das ist eine umstrittene Frage und ein heikler Punkt, der die grundsätzliche Unabhängigkeit der Justiz berührt. In der Praxis wird man immer wieder mit dem Wunsch von Mandanten konfrontiert, über den Umweg der Medien Einfluss auf die Entscheidungen im Gerichtssaal zu nehmen. Das kann man aus guten Gründen kritisch sehen, aber es wäre naiv, zu glauben, dass es diesen Einfluss nicht gibt. Selbstverständlich beeinflussen die Medien auch die Parteien im Gerichtssaal. Dazu liegen inzwischen deutliche empirische Daten vor (Kepplinger und Jost 2020, S. 191):

- „Jeder dritte Richter und jeder zweite Staatsanwalt hat in seinen Verfahren starke Medieneinflüsse auf Zeugen und Angeklagte beobachtet", schreiben Kepplinger und Jost. Dies sei ein weitverbreitetes Phänomen.
- Jeder zehnte Richter und jeder fünfte Staatsanwalt habe den Eindruck, dass Medienberichte einen inhaltlichen Einfluss auf Aussagen von Zeugen hätten. Eine Einschüchterung von Zeugen durch die Medien sei hingegen selten zu sehen.
- Jeder zehnte Richter und jeder vierte Staatsanwalt habe den Einfluss von Medienberichten auf die *Höhe* von Strafen beobachtet. Deutlich weniger beobachteten allerdings Einflüsse auf die grundsätzliche Feststellung der Schuld.

Richter und Staatsanwälte kennen somit den Einfluss, den die Medien nehmen können (vgl. Guidon 2019). Gerade Staatsanwälte stellen dies etwa bei Zeugenaussagen immer wieder fest. Sie nehmen die Unterschiede zwischen Vernehmungen vor dem Prozess und den Aussagen vor Gericht unmittelbar wahr. Dazwischen wurden Zeugen oft durch die Medien mit einer Fülle von Informationen und Meinungen konfrontiert. Das führt fast zwangsläufig zu einer Abweichung in den Zeugenaussagen, und das ist nicht einmal böswillig (Fechner 2012). Die Gerichte versuchen, dem entgegenzuwirken, indem Sie Zeugen mit Verhörprotokollen konfrontieren oder auch Beamte einvernehmen, die wiederum Verhöre durchgeführt haben. Die Gerichte haben Instrumente entwickelt, um mit diesem Einfluss umzugehen – aber er ist da. Es ist eine schwierige Aufgabe für Litigation-PR-Experten, mit diesem Einfluss verantwortungsvoll umzugehen.

Selbstverständlich nutzen auch Richter und Schöffen die Medien und nehmen die Debatten wahr, die in den Medien geführt werden. Sie sind Teil einer Gesellschaft, in der sich die Meinungsbildung im Wesentlichen vermittelt durch die Medien vollzieht. Ob sich professionelle Richter allerdings nennenswert durch eine möglicherweise tendenziöse Berichterstattung in ihrer Urteilsfindung beeinflussen lassen, ist fragwürdig – auch wenn die Zahlen Kepplingers und Josts dies nahelegen (2020).

Richter sind in der Regel geschult, mit externen Einflüssen umzugehen. In unseren Interviews und Gesprächen haben sie immer wieder bestätigt, dass sie den Druck der Medien wahrnähmen und dass es für sie einen bewussten Akt der Selbstreflexion darstelle, diesen Einfluss zu „subtrahieren", wie es die Gerichtspräsidentin Andrea Titz einmal in einem Interview in unserem Blog treffend formulierte:

> „Wenn ein Richter zum Beispiel über Monate hört und liest: ‚Das Schwein muss rein', dann ist es schon nicht so ganz einfach, jemand ‚nur' zu einer Bewährungsstrafe zu verurteilen, auch wenn es im konkreten Fall noch so sachgerecht sein mag. Umgekehrt besteht auch die Gefahr, dass ein Richter gerade das Gegenteil von der öffentlichen Erwartung macht, nach dem Motto: ‚Jetzt mach ich es erst recht anders, denn ich bin ein unabhängiger Geist'. Die Gefahr der Beeinflussung besteht also durchaus. Aber ein professioneller Richter muss das bewusst in seinen Entscheidungsprozess mit einbeziehen." (zit. bei Sieber 2017a, b, c)

Es gibt auch den Fall, in dem ein dem Autor bekannter Richter eine externe Mediation nutzte, um sich die Hauptströmungen der kontinuierlichen öffentlichen Debatte in einem gesellschaftlich hoch umstrittenen Fall bewusstzumachen. Ein hochprofessionelles, aber vermutlich seltenes Vorgehen, das aber zeigt, wie breit das Handlungsspektrum ist.

Selbst wenn es tatsächlich möglich wäre, Richter durch Litigation-PR in einem manipulativen Sinn zu beeinflussen, dürfte das der Kategorie „unseriös" zuzuordnen sein, weil eine Leistung suggeriert wird, die tatsächlich kaum erreichbar ist. Zum einen ist die Unabhängigkeit der Gerichte und der Richter eine Realität. Falls es hier ein Handlungsfenster für Litigation-PR gibt, dann ist es winzig und in der Regel nicht seriös durch den unspezifischen Schuss über die Bande der Medien zu treffen. Zum anderen wäre eine solche Zielsetzung nicht völlig risikolos für die Prozessführung der Anwälte, die zumindest im Zivilprozess nach § 138 ZPO zur Wahrheitsäußerung verpflichtet sind. Richter können ungehalten reagieren, wenn bei ihnen auch nur der Verdacht einer gezielten Manipulation ihrer Entscheidungshoheit durch die Medien aufkommt. Das wäre nicht nur kontraproduktiv, sondern möglicherweise auch rechtswidrig (Boehme-Neßler 2010b; Christiansen 2012).

Der entscheidende Punkt ist aber ein anderer: Die Litigation-PR-Profession sollte sich nicht dem Ruf aussetzen, unmöglich zu versprechende und zugleich den Rechtsstaat gefährdende Zielsetzungen zu verfolgen. Es gibt auch so genügend im Gerichtssaal der Öffentlichkeit zu tun. Die Richter zu überzeugen, sollte Aufgabe der Streitparteien im Gerichtssaal bleiben.

2.1.2 Gerichte

Gerichte sind in unserem Staat die Organe der Rechtsprechung. Sie können verschiedenen Gerichtsbarkeiten zugeordnet werden. Aufbau und Funktion einer **Gerichtsbarkeit** wird durch die unterschiedlichen Gerichtsverfassungen vorgegeben. Gerichtsbarkeiten in Deutschland sind

- die Verfassungsgerichtsbarkeiten (des Bundes und der einzelnen Länder),
- die Ordentliche Gerichtsbarkeit (für Zivil- und für Strafrecht)
- die Fachgerichtsbarkeiten (etwa die Arbeitsgerichtsbarkeit, Finanzgerichtsbarkeit, Sozialgerichtsbarkeit und Verwaltungsgerichtsbarkeit).

Um die Einheitlichkeit der Rechtsprechung zu wahren, besteht ein Gemeinsamer Senat der obersten Gerichtshöfe des Bundes, der angerufen werden kann, falls ein oberstes Bundesgericht die Absicht hat, von der Entscheidung eines anderen obersten Bundesgerichts abzuweichen.

Spricht man vom Gerichtsaufbau, so haben wir es oft mit zwei verschiedenen Verwendungen des Wortes zu tun: Zum einen bezeichnet der Begriff „Gericht" eine Behörde, etwa das Amtsgericht. Es kann aber auch als Spruchkörper verstanden werden (Einzelrichter, Schwurgericht, Schöffengericht usw.). Jedes Gericht ist mit mindestens einem Richter besetzt. Darüber hinaus ist eine Beteiligung von Laien als ehrenamtliche Richter in verschiedenen Gerichtsbarkeiten vorgesehen, etwa im Strafverfahren („Schöffen"), in der Handelsgerichtsbarkeit („Handelsrichter") sowie in der Arbeits-, Finanz-, Sozial- und Verwaltungsgerichtsbarkeit.

Welches Gericht tätig wird, hängt von der Zuständigkeit ab, siehe Tab. 2.1. Welcher Spruchkörper (Einzelrichter, Kammer, Senat) tätig wird, ist durch die anwendbaren Verfahrensgesetzen (z. B. GVG, ZPO) definiert und wird nach dem Geschäftsverteilungsplan festgelegt, der von den Gerichten in eigener Verantwortung erstellt wird.

Einen Sonderfall stellt die Schiedsgerichtsbarkeit dar. Unter Schiedsgerichten versteht man nicht-staatliche Gerichte. Sie treten aufgrund einer Übereinkunft der Streitparteien zusammen, die im Rahmen eines Vertrages, der Schiedsvereinbarung, zwischen den Parteien getroffen wurden. Die Entscheidung, dass man in einem potenziellen Streitfall auf ein Schiedsgericht statt auf ein staatliches Gericht setzt, wird in vielen bi- und multilateralen Vertragswerken oft lange vorher getroffen. Man vereinbart, dass man sich im Streitfall auf einen Schiedsrichter einigen und dessen Schiedsspruch dann auch akzeptieren werde. Je nach Industrie und Komplexität des Vertragswerks sind Schiedsgerichte bei vielen Justiziaren eine

Tab. 2.1 Aufbau von Gerichten und deren Aufgaben (eigene Darstellung)

Aufbau von Gerichten und deren Aufgaben		
Gerichtsart	Zuständigkeit	Gerichtsbezeichnungen
Arbeitsgerichtsbarkeit	Streitverfahren aus Arbeits- und Tarifverträgen	Arbeitsgericht Landesarbeitsgericht Bundesarbeitsgericht
Finanzgerichtsbarkeit	Streitverfahren wegen Steuern und Zöllen	Finanzgericht Bundesfinanzhof
Ordentliche Gerichtsbarkeit	Zivil- und Strafprozess, freiwillige Gerichtsbarkeit	Amtsgericht Landgericht Oberlandesgericht Bundesgerichtshof
Sozialgerichtsbarkeit	Streitverfahren mit Sozialversicherungsträgern und in verschiedenen anderen sozialrechtlichen Fragen	Sozialgericht Landessozialgericht Bundessozialgericht
Verfassungsgerichtsbarkeit	Streitverfahren in Verbindung mit dem Grundgesetz bzw. den Landesverfassungen	Bundesverfassungsgericht Verfassungsgerichte der Länder
Verwaltungsgerichtsbarkeit	Streitverfahren mit der öffentlichen Verwaltung (Ausnahmen siehe Sozial- und Finanzgerichtsbarkeit)	Verwaltungsgericht Oberverwaltungsgericht (in einigen Ländern: Verwaltungsgerichtshof) Bundesverwaltungsgericht

beliebte Alternative, denn die Streitbeilegung im Wege eines Schiedsverfahrens hat einige Vorteile. Die Parteien können dabei:

- das Schiedsverfahren selbst bestimmen,
- den Schiedsrichter selbst aussuchen und
- die Vertraulichkeit besser gewährleisten.

Dadurch kann oft eine deutliche Verfahrensbeschleunigung erreicht werden. Da ein solches Verfahren in der Regel nicht öffentlich ist, spielt die Schiedsgerichtsbarkeit in der Praxis der Litigation-PR kaum eine Rolle. Es gibt allerdings findige Journalisten, die auch immer wieder über Schiedsverfahren berichten – zumindest, wenn sie über Leaks Zugang zu Informationen finden. In dem Fall kann ein Schiedsverfahren auch auf der Agenda eines Litigation-PR-Experten landen.

2.1.3   Angeklagte und Parteien

Die Angeklagten beziehungsweise die Streitparteien sind eine wichtige Bezugsgruppe für die Litigation-PR. Schließlich wird im Wesentlichen über sie berichtet. Hier gilt es nicht nur, deren Reputation zu schützen, denn durch gezielte Litigation-PR kann man durchaus Einfluss auf das Verfahren nehmen, indem man etwa ein Meinungsklima schafft, dass eine Einigung und Streitbeilegung fördert. Gerade im Zivilprozess spielt das eine erhebliche Rolle, haben doch die Streitparteien an jedem Punkt des Verfahrens die Möglichkeit, sich außergerichtlich zu einigen. Aber auch Staatsanwälte haben im Strafprozess durchaus Möglichkeiten, ein Verfahren abzukürzen.

Ein Prozess muss nicht bis zum bitteren Ende durchlaufen werden. Eine Einigung nach dem „Alles-oder-Nichts-Prinzip" ist etwas für Parteien mit starken Nerven, viel Geld oder starkem Rechtsempfinden. So bot die Staatsanwaltschaft Hannover im Frühjahr 2013 dem ehemaligen Bundespräsidenten Christian Wulff einen Deal an, um einen für alle Seiten höchst unangenehmen Prozess abzukürzen: Wulff wurde Bestechlichkeit vorgeworfen, weil er sich im Jahr 2008 als niedersächsischer Ministerpräsident zu einer Hotelübernachtung in einem Münchner Luxushotel habe einladen lassen. Mit einer Zahlung von 20.000 Euro hätte sich Wulff freikaufen können – ohne das Eingeständnis einer Schuld. Das war vermutlich eine echte Versuchung für den damals krisengeschüttelten Spitzenpolitiker. Angesichts eines strapaziösen Verfahrens vor Gericht und einem höchst unangenehmen Spießrutenlauf in der Öffentlichkeit wäre das sogar naheliegend gewesen. Wulff lehnte aber ab und ging den langen Weg. Er wollte öffentlich sichtbar entlastet und rehabilitiert werden – was dann auch mit dem von ihm erzielten Freispruch geschah.

Den Mut hat nicht jeder. Gerade im Zivilrechtsstreit ist es manchmal einfacher, wenn die Parteien einen Kompromiss in einer strittigen Rechtssache finden und den Streit damit beilegen. Das kann im Vorverfahren oder auch in der mündlichen Verhandlung geschehen. Mit der obligatorischen Güteverhandlung (§ 278 Abs. 2 ZPO) muss diese Möglichkeit zu Beginn eines jeden Hauptverfahrens sogar noch einmal allen Parteien vor Augen geführt werden. Darüber hinaus hat das Gericht die Pflicht, in jeder Lage des Verfahrens auf einen Vergleich hinzuwirken (§ 278 Abs. 1 ZPO). Durch einen Prozessvergleich können die Parteien jederzeit den Streit abkürzen – und das lohnt sich oft auch finanziell für alle Seiten.

Auf einen smarten Deal oder eine außergerichtliche Einigung zielt so manche anwaltliche Strategie ab, ohne dass man das von Anfang unbedingt deutlich machen würde. Professionelle Litigation-PR kann hier durchaus unterstützen. Manchmal ist ein entsprechendes politisches Meinungsklima notwendig, manchmal helfen Leichen im Keller der Gegenpartei – Andeutungen und gestreute Gerüchte können da Wunder wirken. Gründe dafür, warum eine Partei dann doch einlenkt und einem Kompromiss sucht, können vielfältig sein.

Gerade wenn ein Rechtsstreit zu öffentlich wird, kann es für viele Beteiligte ungemütlich werden. Aufsichtsräte, Gesellschafter, Fonds und Anleger mögen in der Regel keine lautstarken öffentlichen Debatten über ihre Assets. Das gilt gerade dann, wenn die Politik in Unternehmen als Gesellschafter eine große Rolle spielt – eine Situation, wie sie etwa durch die Rettung der Lufthansa oder der Commerzbank entstanden ist. In solchen Fällen kann bereits das leichte Drehen am Lautstärkeregler öffentlicher Debatten ausreichen, um ein Verhandlungsklima zwischen zwei Parteien deutlich geschmeidiger ablaufen zu lassen.

2.1.4 Anwälte und Verteidiger

Der Anwalt ist der vertragliche oder gesetzliche Vertreter der Streitpartei in einem Rechtsstreit. Er vertritt Privatpersonen, Unternehmen oder Institutionen gegenüber dem Staat, Behörden, Gerichten oder anderen Parteien. Die Aufgaben und die Stellung eines Rechtsanwalts im Prozess sind in der Bundesrechtsanwaltsordnung (BRAO) geregelt. Der Rechtsanwalt ist demnach ein unabhängiges Organ der Rechtspflege. Das bedeutet unter anderem, dass der Staat Anwälten gegenüber in keinerlei Hinsicht weisungsbefugt ist. Der Rechtsanwalt steht auf einer Ebene mit dem Richter, denn ein Anwalt kann nur werden, wer die Befähigung zum Richteramt erlangt hat.

Die anwaltliche Aufgabe ist es, zu einer sachgerechten Entscheidung des Gerichtes beizutragen. Er muss dabei die in der Regel rechtsunkundige Partei vor der Gefahr eines möglichen Rechtsverlustes schützen. Außerdem kommt dem Anwalt eine rechtspflegerische Aufgabe zu: Er muss durch seine Beratung dafür sorgen, dass unnötige Prozesse verhindert werden oder durch gute Vorbereitung und Verhandlungsführung die zügige Erledigung des Rechtsstreits vorangerieben wird. Durch gute Anwälte kann somit die Justiz entlastet und ein Beitrag zur Funktionsfähigkeit der Justiz geleistet werden.

Rechtsanwälte können sich in unterschiedlichen Rechtsformen zusammenschließen (Kanzleien oder Sozietäten). Ein Rechtsanwalt muss dazu von einer Rechtsanwaltskammer zugelassen sein, was es ihm erlaubt, unter der Berufsbezeichnung „Rechtsanwalt" tätig zu werden. Ein zugelassener Rechtsanwalt kann vor jedem Gericht auftreten – mit Ausnahme des BGH, wofür eine gesonderte Zulassung erforderlich ist.

Häufig können Prozesse ohne anwaltlichen Beistand nicht durchgeführt werden, das gilt insbesondere für zivilrechtliche Auseinandersetzungen: Vor Landgerichten, Oberlandesgerichten und vor dem BGH sind Parteien verpflichtet, sich durch einen Rechtsanwalt vertreten zu lassen – hier besteht ein Anwaltszwang. Das sieht im Strafprozess etwas anders aus, denn hier besteht grundsätzlich die Möglichkeit der Selbstverteidigung des Angeklagten. Anwaltspflicht herrscht aber auch dann, wenn der Tatvorwurf mehr umfasst als ein einfaches Vergehen: Straftaten, die der Gesetzgeber mit einer Mindeststrafe von einem Jahr Freiheitsentzug belegt, gelten als Verbrechen und erfordern die Vertretung durch einen Anwalt. Diese sogenannte „notwendige Verteidigung" ist in der Strafprozessordnung verankert. Sie sieht vor, dass gegen einen Angeklagten nur dann verhandelt werden dürfe, wenn dieser einen Verteidiger habe.

Anwälte spielen für die Litigation-PR eine wichtige Rolle. In der Regel werden Kommunikationsexperten aufgrund der sachlichen Empfehlung von Anwälten zu einem Streitsachverhalt hinzugezogen. Die Litigation-PR-Strategie steht unter dem Primat der anwaltlichen Strategie. Beide müssen eng miteinander abgestimmt werden und verzahnt zusammenarbeiten. Daher spricht man in der Litigation-PR auch manchmal vom Dreieck aus Beschuldigtem, Anwalt und Litigation-PR-Experte. Zwischen ihnen sollte großes Vertrauen herrschen, da ansonsten ein schnelles und effizientes Agieren angesichts einer hohen Mediendynamik kaum zu leisten ist. Für eine effektive Zusammenarbeit sollten beide Seiten ein ähnliches Verständnis davon haben, was Kommunikation leisten kann.

2.1.5 Staatsanwaltschaft

Die Staatsanwaltschaft ist die Behörde, die für die Strafverfolgung und -vollstreckung zuständig ist. Als solche ist sie ein Teil der Exekutive. In Deutschland sind Staatsanwälte Beamte im höheren Justizdienst, somit dem Justizministerium unterstellt. Anders als Verteidiger sind Staatsanwälte aufgrund ihrer Rolle zur Unparteilichkeit und Neutralität verpflichtet. Laut § 160 (2) StPO ist die Staatsanwaltschaft zur objektiven Beweissicherung verpflichtet. Das heißt, sie muss sicherstellen, dass sowohl be- als auch entlastende Umstände ermittelt und Beweise gesammelt werden.

Soweit die Theorie – in der Praxis erleben wir allerdings regelmäßig eine andere Situation. Die Staatsanwaltschaft gilt als der natürliche Gegner der Anwälte. Für sie ist Strafverteidigung ein Kampf – um die Rechte der Beschuldigten mit Organen des Staates, der sein Machtmonopol oftmals überschreitet.

Gerade in der Anfangsphase einer Ermittlung gilt die Staatsanwaltschaft als die „Herrin des Ermittlungsverfahrens". Sie verfügt über einen deutlichen Informationsvorsprung und kann in den Medien den Ton angeben – oft zu Ungunsten der Mandanten. Umso wichtiger ist es, dass Litigation-PR-Experten eingreifen und dem Informationsmonopol beziehungsweis einer drohenden Vorverurteilung durch die Medien entgegenwirken.

Die traditionelle Feindschaft zwischen Anwälten und Staatsanwälten wird sicher oft übertrieben dargestellt. Hier mag es zahlreiche Rollenklischees geben, die bedient werden müssen. Tatsache ist aber:

„Auch der Staatsanwalt im Prozess will gewinnen und das Prestige für sich und seine Behörde verbuchen. Er ist in der Versuchung, alles zu tun, um den Prozess zu gewinnen, insbesondere wenn er fest von der Schuld des Täters überzeugt ist. Deshalb besteht ein Anreiz, ein mediales Schreckensbild des Verdächtigen zu zeichnen, das das Gericht beeindruckt." (Christiansen 2012, S. 146)

Damit verletzen Staatsanwälte regelmäßig die bereits dargestellten Grundsätze der Neutralität.

In der Praxis ist das schwer zu beweisen. Sicher ist: Zahlreiche Staatsanwälte verfügen über exquisite Medienkontakte und nutzen sie auch. Die Medien werden natürlich auf Nachfrage immer ihre Quelle schützen, auch wenn sie ganz offensichtlich zu einem Instrument taktischer Kommunikation gemacht werden:

„Ein Beispiel: Die Staatsanwaltschaft gibt bekannt, sie werde Anklage gegen einen Verdächtigen erheben. Dessen Verteidiger rollt eine Kampagne über alle Medien aus, die Vorwürfe seien ganz und gar haltlos. Die Staatsanwaltschaft wartet ab. Nach 2 Wochen lanciert sie ein pikantes Detail als Ermittlungsergebnis aus Durchsuchungsmaßnahmen. Die öffentliche Wahrnehmung kippt daraufhin in die Richtung, offenbar sei ja doch etwas an der Sache dran. Der Verteidiger kann dem wenig entgegensetzen, da sein mediales Pulver schon verschossen ist." (Christiansen 2012, S. 146)

Die Neutralitätspflicht unterliegt auch systemischen Einschränkungen. So sind Staatsanwälte im Gegensatz zu Richtern (und Anwälten) weisungsgebunden. Staatsanwälte unterliegen der Dienstaufsicht durch Vorgesetzte, die politischen oder disziplinarischen Einfluss auf sie nehmen können. Dabei ist eine mögliche Weisung nicht einmal an die Schriftform gebunden. Dieses intransparente Weisungsrecht hat immer wieder für Irritationen und Widerspruch gesorgt.

Ein bekanntes Beispiel ist der Fall Mollath.[1] Mit Blick auf bevorstehende Landtagswahlen wies die bayerische Justizministerin Beate Merk im August 2013 die Staatsanwaltschaft an, eine Wiederaufnahme des Verfahrens gegen Gustl Mollath

[1] Darüber haben zahlreiche Medien berichtet. So zeigte etwa die *ARD* am 3. Juni 2013 eine Dokumentation über den Fall Mollath, der über die Mediathek abrufbar ist. Der Fall ist auch im Rahmen eines Wikipedia-Beitrags umfassend dokumentiert (o.J.-a, o.J.-b).

zu prüfen. Dieser war 2006 wegen mehrerer ihm angelasteter Vorwürfe angeklagt und freigesprochen worden. Da gleichzeitig Gutachter Schuldunfähigkeit festgestellt hatten, war Mollath gerichtlich in den psychiatrischen Maßregelvollzug eingewiesen worden. Der Streit zog sich über fünf Jahre lang hin. Im Jahr 2011 kamen massive Zweifel an den Vorwürfen gegen Mollath und der Rechtsstaatlichkeit des Verfahrens auf. Mollath musste schließlich im August 2013 aus der psychiatrischen Klinik entlassen werden – einen Monat vor der Landtagswahl in Bayern. Auch das zweite Verfahren ging zu seinen Gunsten aus. In den Medien wurde allerdings der Verdacht laut, dass das zweite Verfahren von der Ministerin nur deswegen angestoßen worden war, um von zahlreichen Verfahrensfehlern und vor allem von der widerrechtlichen Unterbringung Mollaths in der psychiatrischen Anstalt abzulenken. Durch die Einsetzung eines Untersuchungsausschusses im bayerischen Landtag wurde der Fall schließlich zu einem Politikum. Er gilt seitdem als Justizirrtum und Skandal.

2.2   Die Medien

Was fasziniert eigentlich Journalisten am Gerichtssaal? Sicherlich nicht die endlosen Schriftsätze, die artistischen Subsumtionen und Beweisführungen der Juristen. Es geht um etwas Archaischeres, etwas das uns zutiefst berührt. Uwe Wolf hat es das Court-Room-Drama genannt:

> „Bei Prozessen, vor allem bei Strafprozessen sind wir Zaungäste eines menschlichen Dramas, das uns in seinem gesamten Facetten-Reichtum entgegenschillert. Was sich dort abspielt, bringt uns zum Staunen, amüsiert uns, ekelt uns an, fasziniert oder berührt gar unsere (nicht ausgelebten) Phantasien hinsichtlich Sex und Gewalt. Eine Gerichtsverhandlung ist ein großartiges Drama, an dem wir im Stillen teilhaben können, ohne direkt betroffen zu sein. Es geht um unseren tiefen Wunsch nach absoluter, höherer Gerechtigkeit und unsere ewige Suche nach Wahrheit. Es geht um Schuld und um Sühne." (Holzinger und Wolff 2009, S. 122)

Journalisten haben ein feines Gespür für diese Form der Inszenierung. Sie sind die Antennen der Gesellschaft, verfolgen Prozesse vor Ort und fassen das sich hier vollziehende Geschehen in Worte. Was für Journalisten wichtig ist: Gerichtsverhandlungen schaffen News. Sie liefern jede Menge direkt zitierbare Informationen – und haben Unterhaltungswert.

Die ersten Hinweise auf anstehende Prozesse bekommen Journalisten oft aus den Pressestellen der Gerichte. Auch wenn es den Prototyp des Gerichtsreporters heutzutage kaum mehr in Reinform gibt, sollte man die Vernetzung zwischen

Journalismus und Justiz-PR nicht unterschätzen. Hier fließt manche gute Information gern auch mal im informellen Gespräch.

Die modernen Investigativjournalisten haben darüber hinaus eine Vielzahl von Quellen (siehe Abb. 2.1, Unverzagt et al. 2012). Was die großen Wirtschaftsstreitigkeiten, sei es nun Zivil- oder Strafrecht, anbelangt, so sind sie meist früh über eine drohende Eskalation im Bilde. Viele Redakteure pflegen nicht nur gute Kontakte zu den Staatsanwälten, sondern auch zu den großen Kanzleien und prozessführenden Anwälten. Und schließlich erleben wir auch schockierende Leaks in den Unternehmen selbst, gerade auch aus den Aufsichtsräten. Welche Agenda auch immer dahinterstehen mag: Kaum ein Rechtsstreit von öffentlichem Interesse bleibt daher lange verborgen. Die Pressemitteilung der Gerichte liefert meist nur den Hinweis auf den ersten Prozesstag und das Aktenzeichen.

Allerdings muss man auch sagen, dass die allermeisten Rechtsstreite, die in Deutschland geführt werden, medial nicht vorkommen. Um hier nur eine Zahl zu nennen: Im Jahr 2020 haben die Staatsanwaltschaften in Deutschland fast 5 Millionen Ermittlungsverfahren in Strafsachen abgeschlossen (Statista 2021) – und darin sind noch nicht die Zivilverfahren enthalten. Man kann also davon ausgehen, dass sich die Zahl der öffentlich bekanntwerdenden Streitfälle im niederen Promillebereich bewegt. Der große Rest der Fälle hat nicht das Potenzial für eine Medienstory.

Was macht aber eine juristische Causa zu einem Medien-Scoop? Für Litigation-PR-Experten ist das eine entscheidende Frage: Je früher das kommunikative Potenzial richtig eingeschätzt wird, desto wirksamer kann die öffentliche Meinung in die richtigen Bahnen gelenkt werden. Dabei gibt es durchaus Frühindikatoren, die den Bedarf von Litigation-PR anzeigen (Holzinger und Wolff 2009, S. 128; Sieber und Konrad 2013; Müller 2020, S. 71):

- Hohe Bekanntheit der am Prozess beteiligten Personen, insbesondere wenn die handelnden Personen umstritten sind.
- Hohe Bekanntheit der am Prozess beteiligten Unternehmen, insbesondere bei bereits geschwächter Reputation oder umstrittenen Geschäften.
- Anrüchige Themen, hohes Skandalisierungspotenzial, fotogene Prozessbeteiligte – hier sind es vor allem die süffigen Strafrechtsthemen, die interessant sind.
- Es geht auch umgekehrt: Personen mit geringer Bekanntheit, bei denen sich eine Opferrolle in einer David-gegen-Goliath-Konstellation ergibt.
- Medial stigmatisierte Branchen wie etwa Banken, Rüstungsindustrie, Tabak, Chemie oder Branchen mit hoher Affinität zu Verbraucherschutzthemen.

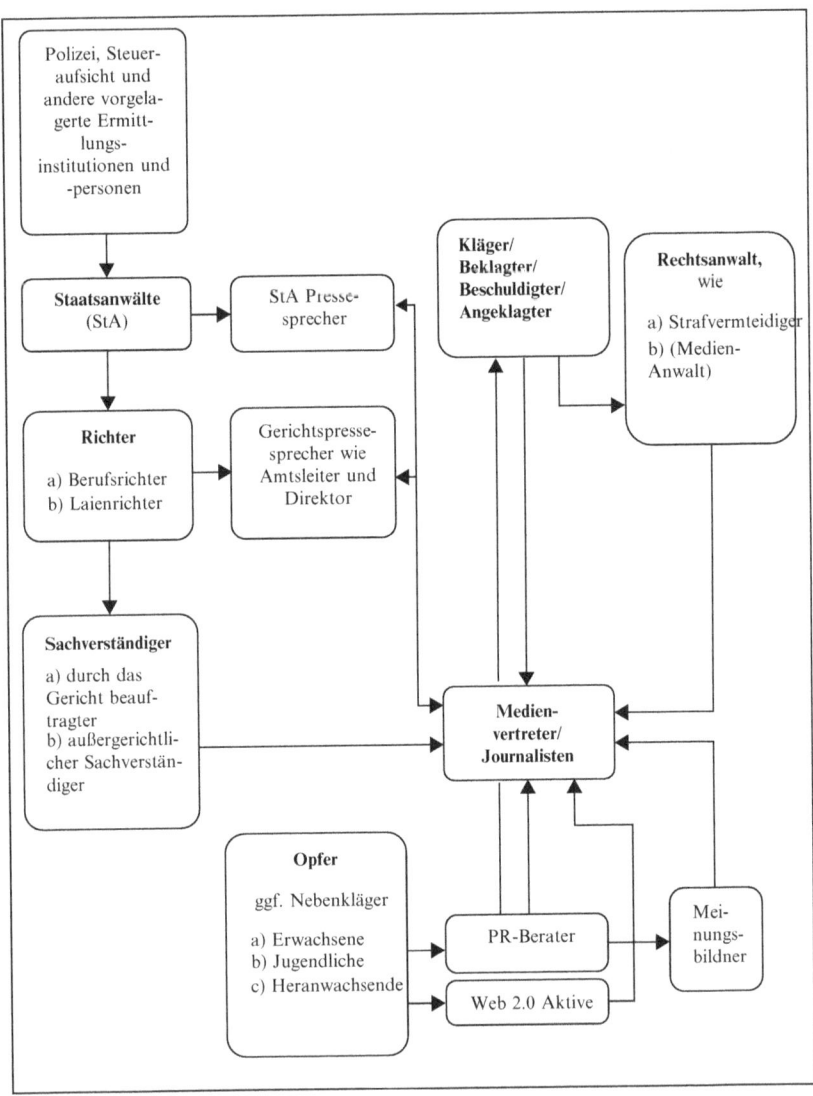

Abb. 2.1 Involvierte im Bereich der Litigation-PR (Unverzagt et al. 2012 S. 343)

- Hoher Streitwert oder Leitfunktion der anstehenden Entscheidung für die betroffenen Branchen, Trends oder Gesetzesverfahren.
- Sachverhalte, die für die Öffentlichkeit verständlich sind und die die Menschen betreffen. Möglicherweise sogar für sie relevant sind.
- Einzigartigkeit von Vorfällen, Erfahrungen, die den Erwartungen widersprechen, wie sensationelle Fakten oder Taten.

Wenn einer oder mehrere dieser Faktoren gegeben sind, besteht die Gefahr, dass die Medien eine solche juristische Auseinandersetzung aufgreifen. Hier sollten allerdings unbedingt die unterschiedlichen Anforderungen und Motivlagen der einzelnen Medien berücksichtigt werden. Die Journalisten bei Nachrichtenagenturen und generell in Nachrichtenmedien haben einen anderen Puls. Sie brauchen die schnelle Nachricht, orientieren sich an den faktisch vorliegenden Ereignissen und stehen im Wettbewerb mit der Zeit, diese als erste „rauszubringen". Die Kollegen aus den Investigativressorts können sich da schon etwas mehr Zeit lassen: Sie recherchieren in der Regel Hintergrundstorys. Bei ihnen liegt der Schwerpunkt auf der Außerordentlichkeit, auf dem Skandalpotenzial. Das Ethos des Investigativjournalisten ist es, die Wahrheit hinter dem Offensichtlichen ans Licht zu bringen, sie suchen daher in Akten, Zeugenaussagen und Dokumenten nach dem Skandal, den keiner sieht. Fachmedien, wie etwa der in Juristenkreisen bestens bekannten Fachzeitschrift *Juve*, kommt es hingegen auf eine fachlich präzise Darstellung des Hintergrundereignisses an. Um es einmal platt darzustellen: Ein Rechercheverbund wie etwa das Correctiv bringt den Skandal ans Licht, die Nachrichtenagentur DPA wird als Erste über den Prozessbeginn berichten und *Juve* liefert dann das Aktenzeichen.

Darüber hinaus gibt es Unterschiede in den regionalen Medien: Dieselgate beurteilen die Medien beispielsweise in Städten wie Wolfsburg, Stuttgart oder Ingolstadt, wo viele Arbeitsplätze von der Automobilindustrie abhängen, anders als in München, Köln oder Frankfurt, wo die großen Schwerpunktstaatsanwaltschaften für Wirtschaftskriminalität angesiedelt sind. Deswegen lohnt es sich durchaus, auch über regionale Medienstrategien nachzudenken – ein Litigation-PR-Experte sollte ohnehin für alle unterschiedlichen Mediengruppen passende Taktiken vorbereitet haben.

Experten haben diese Kriterien im Kopf, wenn sie an einen neuen Fall herangehen. Manchmal raten wir Mandanten schlicht und einfach zum Abwarten: Wenn ein Fall kein medienrelevantes Profil hat, dann reicht manchmal passive Vorbereitung auf den Worst Case einer medialen Eskalation, zumal man durch proaktives Handeln das Risiko eingeht, die Journalisten erst auf ein Problem aufmerksam zu machen, dass sie vorher nicht auf dem Radar hatten. Die strategische

Abwägung, wie man an einen Fall kommunikativ herangeht, gehört zu den schwierigsten Herausforderungen für einen Litigation-PR-Experten.

Wie ein Litigation-Fall in den Medien aufgenommen wird, ist immer schwieriger zu prognostizieren. Zwar gibt es dafür zahlreiche Erfahrungswerte, aber auf Überraschungen muss man dennoch gefasst sein. Die Digitalisierung und die massenhafte Verbreitung der sozialen Medien haben das mediale System grundlegend verändert (Sieber 2019 S. 12–19, 33–42). Das wiederum verändert auch die Arbeitsbedingungen der Litigation-PR.

Die Digitalisierung hat großen Einfluss darauf, wie Journalisten arbeiten. Sie geraten zunehmend unter Druck und sind selbst mit massiven Umbrüchen konfrontiert:

- Das Internet, World Wide Web, Social Media und andere technische Innovationen haben die Verbreitung von Medieninhalten dramatisch verändert.
- Die zunehmende Macht von Intermediären wie Google oder Facebook haben weitere Abhängigkeiten der Medien ausgelöst.

Das hat sich in den vergangenen Jahren stark auf die Arbeitsbedingungen und Rollenverständnisse des Journalismus ausgewirkt. Zusätzlich zum klassischen „Blatt", also der gedruckten Ausgaben, sind längst zahlreiche digitale „Newsoutlets" hinzugekommen, die Journalisten mitbedienen müssen – von der Onlineausgabe (heute kommt sie in der redaktionellen Priorität meist zuerst) über Newsletter, Social Media bis hin zu Podcasts. Hinzu kommt die Tatsache, dass immer mehr Journalisten in Zentralredaktionen arbeiten – also parallel für verschiedene Medienmarken.

In der Konsequenz gibt es immer weniger *klassische* Gerichtsreporter vom Schlage einer Gisela Friedrichsen, die sich für lange Prozessrecherchen Zeit lassen können. Der eine oder andere Wirtschaftsjournalist verfügt durchaus über juristische Kenntnisse. Diese Handvoll Profis ist aber notorisch überlastet und arbeitet in der Regel an zahlreichen Themen gleichzeitig. Vor Ort im Gerichtssaal hat man es daher immer öfter mit Praktikanten oder redaktionell arbeitenden Kameraleuten zu tun, die inhaltlich die Themen wenig durchdringen. Darauf muss man sich als Litigation-PR-Experte einstellen.

Im Journalismus ist einiges im Fluss. Vor dem Aufkommen der digitalen Medien war der Journalismus zweifellos die zentrale Informationsquelle für die Schichten der informierten Gesellschaft und die ernstzunehmende Meinungsbildung. Als Gatekeeper entschieden Journalisten weitgehend exklusiv darüber, welche Themen auf welche Weise in die öffentliche Debatte eingingen, vermittelt durch Presse, Rundfunk oder Fernsehen. Das ist heute längst nicht mehr der Fall.

Neben die Journalisten sind zahlreiche andere Kommunikatoren getreten – von YouTubern und Bloggern (die manchmal über deutlich höhere Reichweiten verfügen als die klassischen Medien) bis hin zu Influencern, Micro- und Nano-Bloggern. Sie alle treten in Konkurrenz mit dem klassischen Journalismus. Auch bei der Selektion von Themen, die anschließend die öffentliche Agenda bestimmen, hat der Journalismus sein Monopol eingebüßt. An den Newsdesks der großen Zentralredaktionen wird inzwischen sehr genau der Social-Media-Buzz verfolgt und bei Bedarf redaktionell nachgesteuert – die Sphären durchdringen sich längst.

Das gilt auch für die Mediennutzer selbst. Sie können aktiv und bei Bedarf aus der wachsenden Vielfalt von Informationsangeboten wählen. Sie erhalten zudem über Intermediäre wie soziale Netzwerke ein maßgeschneidertes, auf Algorithmen basierendes Nachrichtenangebot. Nachrichtenaggregatoren, wie etwa Google News oder die verschiedenen Social-Media-Kanäle, sind mittlerweile einflussreiche Konkurrenten für die großen Medienhäuser, wenn es um die nutzerorientierte Zusammenstellung von Informationen geht.

In der Litigation-PR sieht die Sache etwas anders aus. Was die komplexen Inhalte von Rechtsstreitigkeiten und Gerichtsprozessen anbelangt, ist die Öffentlichkeit nach wie vor auf die Selektion und qualitative Aufarbeitung durch Medienprofis angewiesen. Youtuber und Influencer können hier in der Regel nichts beitragen – noch nicht.

Man kann aber durchaus eine dramatische Veränderung feststellen, wie die Ansprechpartner in den Medien mit Litigation-Themen umgehen. Die komplett medialisierte, digitale Welt funktioniert anders. In die allgemeine Klage über den angeblichen Qualitätsverlust, der dem deutschen Journalismus oft vorgeworfen wird, möchte ich hier nicht einstimmen. Richtig ist aber, dass die Redaktionen unter erheblichem ökonomischem und zeitlichem Druck agieren. Journalisten schreiben oft bereits im Gerichtssaal am Artikel, der durch online verfügbare Redaktionssysteme minutenschnell live geht. Die Zeit für kritische Recherche, für das Durchdringen und Hinterfragen von oft äußerst komplizierten Quellen sinkt. Das hat notwendigerweise Einfluss auf die veröffentlichten Beiträge.

Diese erhebliche Beschleunigung der Mediendynamik verstärkt negative Entwicklungen, die es immer schon im Journalismus gab. Dazu gehört sicher die Tendenz zur Vereinfachung und Trivialisierung von durchaus komplexen Sachverhalten. Der Wettermoderator Jörg Kachelmann wurde wegen eines Vergewaltigungsverdachts angeklagt – und später freigesprochen. Auffallend war aber, wie schnell viele Medien in seinem Fall Partei ergriffen. Der Vorwurf des „Sexmonsters" wird eben schneller in die Tastatur getippt als eine lange komplexe Darlegung dessen, warum der Sachverhalt nicht so einfach sei, wie er auf den Blick erscheine.

Der Medienwissenschaftler Hans-Matthias Kepplinger (2001) prägte dafür den Begriff der **Skandalisierung** Und in der Tat zeigt eine große Zahl an medialen Skandalen, wie schnell man zum Opfer einer Medienmaschinerie werden kann. Die Skandaltheorie ist in den Medienwissenschaften nicht unumstritten und sie wird der Arbeit vieler, gut recherchierender Journalisten nicht gerecht. Gleichwohl beschreibt sie aber einen Prozess recht gut, den viele Prominente und Manager kennen und fürchten: Das Urteil im Gerichtssaal der Öffentlichkeit kann sich viel verheerender auswirken als das Urteil tatsächlicher Gerichte. Menschen, die in den Medien abgeurteilt werden, verfolgt dieses Stigma möglicherweise ein Leben lang. Die Folgen sieht man nicht auf den ersten Blick: Verlust des gesellschaftlichen Netzwerks, Scheitern von Beziehungen, Drohungen gegenüber den Kindern – und der Verlust der beruflichen Existenz. Hier zeigt sich ein stetig wachsender Bedarf an professioneller Kommunikation.

2.3   Die Unternehmen

Die Aufgaben der Litigation-PR sind äußerst vielfältig. Das hängt auch mit den unterschiedlichen Bezugsgruppen zusammen, mit denen man es als Litigation-PR-Experte und -Berater zu tun bekommt. Nicht immer sind es Unternehmen, von denen die Initiative einer Litigation-PR-Kampagne ausgeht: Unternehmerpersönlichkeiten, einzelne Vorstände oder Aufsichtsratsmitglieder, Stiftungen, Family-Offices oder auch Vereine können den Anstoß geben.

Oft sind es aber ganze Unternehmen, die von einem Rechtsstreit betroffen sind. Sie wollen ihrer Position die nötige Wucht in der öffentlichen Debatte verleihen – oder schlicht ihre Reputation schützen. Die wichtigsten Bezugsgruppen auf Unternehmensseite sind die

- Organe,
- Kommunikationsabteilung und das
- Legal Department.

Auf ihre Rolle in den großen Rechtsauseinandersetzungen soll hier noch ein kurzer Blick geworfen werden.

Als Organe eines Unternehmens bezeichnet man in der Regel die erste Führungsebene. Sie mit „dem Management" gleichzusetzen, greift zu kurz, denn zum Topmanagement eines Unternehmens kann durchaus ein großer Personenkreis zählen. Die Organwalter verfügen hingegen nicht nur über eine besondere

Machtposition im Unternehmen, sondern unterliegen auch einer besonderen Verantwortung – und haften im Zweifelsfall auch dafür.

Als Organe bezeichnet man Personen oder -gruppen, die inner- und außerhalb einer Gesellschaft vertretungsberechtigt sind. Bei Personengesellschaften sind es die Gesellschafter beziehungsweise die Komplementäre. Bei Kapitalgesellschaften und Genossenschaften können unterschiedliche Gremien als Organe tätig werden:

- GmbH: die Geschäftsführer, die Gesellschafterversammlung, eventuell der Aufsichtsrat,
- AG: der Vorstand, der Aufsichtsrat und die Hauptversammlung,
- KGaA: die Komplementäre, der Aufsichtsrat und die Hauptversammlung,
- Genossenschaft: der Vorstand, der Aufsichtsrat und die Generalversammlung.

Das besondere Haftungsregime der Organ- oder Managerhaftung macht diese Personengruppe besonders anfällig und sensibel für Rechtsauseinandersetzungen aller Art. Organe sind heute in der Art und Weise, wie sie ihr Amt ausüben und ihrer Aufsicht nachkommen müssen, stark reguliert. Wer hier unachtsam agiert, steht mit einem Bein im Gefängnis oder in der Haftung.

Die Anforderungen an das System der Governance, die ein Management etabliert, sind inzwischen hoch. Das betrifft nicht nur das Steuerungs- und Regelungssystem im Sinne der Aufbau- und Ablauforganisation. Es betrifft auch die Formen der Kontrolle. Organe sind heute beispielsweise dazu verpflichtet, ein weitgehendes Compliance-Management-System (CMS) zu etablieren. Dazu zählt man die Gesamtheit der in einer Organisation eingerichteten Maßnahmen, Strukturen und Prozesse, um Regelkonformität sicherzustellen – worunter sowohl rechtsverbindliche als auch ethische Regeln fallen können.

Compliance gilt heute für viele Organe als die „First Line of Defense" (Fassbach 2020). Versagt die Compliance, etwa wenn es im Unternehmen zu Betrugsvorfällen, Korruption oder Untreue kommt, kann sehr schnell die Frage laut werden, wie die Organe ihrer Aufsichtspflicht nachgekommen seien und ob sie alle notwendigen Schritte unternommen hätten, um die Vorfälle zu verhindern beziehungsweise zu unterbinden. Fehler in der Governance und Compliance werden dann oft zur Ursache der späteren Litigation-Fälle.

Daher kommt den Rechtsabteilungen in vielen Unternehmen auch eine besondere Rolle zu. Der Chefsyndikus genießt oft eine besondere Vertrauensstellung. In nicht wenigen Unternehmen ist diese Aufgabe inzwischen sogar auf Vorstandsniveau angesiedelt – der Chief Legal Officer wird selbst zum Organwalter. Die Rechtsabteilungen werden angesichts einer immer unübersichtlicher werdenden Rechtslage zu wichtigen Lotsen und führen Sondierungsarbeiten darüber durch, was rechtlich geht und was nicht. Viele Managemententscheidungen durchlaufen daher zuvor einen intensiven Prüfungsprozess durch die Rechtsabteilung und durch externe Anwaltskanzleien. Die Frage, die man hier oft hört, lautet nicht nur: Ist das unternehmerisch sinnvoll, sondern: Bin ich hier in der Haftung oder nicht? Rechtliche Auseinandersetzungen sind in vielen großen Unternehmen an der Tagesordnung. Die dazu nötigen, begleitenden Kommunikationsmaßnahmen liegen im Aufgabenbereich der Kommunikationsabteilung. Dort lief das Thema Litigation bis noch vor gar nicht so langer Zeit entweder als Annex der Krisenkommunikation – oder wurde von den Corporate Communications Managern mit abgearbeitet. Doch das ändert sich gerade. Immer mehr große Unternehmen bauen Litigation-PR-Kompetenz in ihren Kommunikationsabteilungen auf. Das ist auch gut so, denn Litigation-PR erfordert eine eigenständige Expertise und stellt viele Kommunikationschefs vor besondere Herausforderungen.

Die Zahl der rechtlichen Auseinandersetzungen hat im Lauf der letzten beiden Jahrzehnte signifikant zugenommen. Das hat zwangsläufig einen wachsenden Bedarf an Litigation-PR nach sich gezogen, der durch die klassischen Mechanismen des Krisenmanagements nur inadäquat bearbeitet werden konnte. Hier gibt es zahlreiche Überschneidungen – aber auch signifikante Unterschiede.

Litigation-Communication erwächst oft aus der Krisenkommunikation heraus. Wenn der Sprint der Krisenbewältigung beendet ist, beginnt für viele Unternehmen erst der lange Marsch der rechtlichen Aufarbeitung. Dieselgate begann für VW praktisch aus heiterem Himmel (einige Vorbeben hatte man geflissentlich überhört): Am 18. September 2015 schickte die US-Umweltschutzbehörde EPA eine Notice of Violation (Mitteilung eines Rechtsverstoßes) an die Volkswagen Group of America. Sie beschrieb massive Verstöße gegen amerikanische Abgasgesetze – und legte ein jahrelanges betrügerisches Vorgehen nahe. Die Schockwelle in der Öffentlichkeit war gewaltig und stürzte einige Unternehmen der Automobilindustrie in eine Krise. In solchen Fällen wird der Standardkrisenprozess gestartet: Der Krisenstab tritt zusammen und externe Krisenberatungen legen los.

Kein Unternehmen kann aber ewig im Krisenmodus arbeiten. So war es auch in diesem Fall. Die Notice of Violation enthielt exakte Erläuterungen der juristischen Vorwürfe hinsichtlich der Verstöße gegen den Clean Air Act. Als Folge dieses Verfahrens drohten hohe Geldstrafen. Das US-Justizministerium und der New Yorker Generalstaatsanwalt schalteten sich ein. Schließlich kamen auch Sammelklagen privater Käufer und Autohändler in Kanada und den USA hinzu – und das war nur der amerikanische Teil einer Krise, deren Rechtsfolgen sich immer weiter entfalteten. Die Dieselgate-Litigation bindet seit einigen Jahren erhebliche Kräfte in der Branche und die Reihe der Prozesse auf mehreren Kontinenten ist bis heute nicht abgerissen. In den Kommunikationsabteilungen ist das längst kein Fall mehr für Krisenkommunikatoren. Hier sind rechtlich und kommunikativ gewiefte Langstreckenläufer gefragt, die über eine spezifische Litigation-PR-Expertise verfügen und hochspezialisierte Litigation-PR-Berater hinzuziehen.

Krisenbewältigung im Litigation-Marathon ist aber nur die eine, zugegeben äußerst wichtige Seite der Litigation-PR. Genauso spannend und möglicherweise ökonomisch noch deutlich werthaltiger für Unternehmen ist es aber, Litigation-Krisen zu vermeiden oder die Betroffenen zumindest weitgehend aus dem medialen Krisengeschehen herauszuhalten. Für Manager, Aufsichtsräte oder Unternehmer kann es sogar von existenzieller Bedeutung sein, ihre Reputation auf diese Weise zu schützen. Das gelingt aber in der Regel nicht mehr, wenn eine Krise bereits eskaliert. In dem Fall muss man versuchen, durch proaktives Handeln, der Story den entscheidenden Spin zu geben, um weitere Eskalationsstufen zu verhindern.

Eine vertrauensvolle, proaktive und professionelle Zusammenarbeit mit den Medien ist dabei eine unbedingte Voraussetzung. Erfolgreiche Litigation-PR-Experten kennen und antizipieren die Arbeits- und Denkweisen der Journalisten, der Multiplikatoren und der Influencer im Web. Litigation-PR ist in der analogen und digitalen Welt zu einer komplexen Herausforderung geworden.

Was ihre Arbeit darüber hinaus überaus anspruchsvoll macht, sind die komplexen Interessen und Befindlichkeiten der Bezugsgruppen, die in diesem Kapitel geschildert wurden. Der Litigation-PR-Experte darf eben nicht nur in juristischen Kategorien denken. Er muss verstehen, was eine Information zur Nachricht macht und wie man ihr den richtigen Spin gibt. Er muss dieses spezifische Verständnis in den komplexen Unternehmenshierarchien vertreten können. Und er muss auch das Verständnis entwickeln, wie Organe in einem Unternehmen denken und was sie an einer Litigation beschäftigt. Nur in diesem Dreiecksverständnis lässt sich Litigation-PR im Unternehmen optimal vorantreiben.

Strategien der Litigation-PR

3

Zusammenfassung

Keine Krise, kein Rechtsstreit verläuft gleich. Dennoch gibt es Muster, an denen sich ein Litigation-PR-Experte orientieren kann. Das folgende Kapitel stellt anhand des gängigen Prozessschemas in Straf- und Zivilprozessen dar, mit welcher Abfolge von Schritten gerechnet werden kann und welche Meilensteine in der Kommunikation vorbereitet werden sollten. Je nach Ausgangslage der Streitsache empfehlen sich vier verschiedene grundlegende Vorgehensweisen: die prohibitive, reaktive, proaktive und offensive Strategie.

3.1 Unklare Informationslage am Anfang einer Krise

Die Situation ist konfus, die Stimmung gereizt: Im Krisenraum einer bayerischen Privatklinik trifft sich eine zusammengewürfelte Gruppe Ärzte, Rechtsanwälte und Klinikmanager. Sie wollen eine Krise klären, die, während man hier tagt, in den Medien bereits eskaliert. Ein Investigativteam, bestehend aus Zeitungs- und Rundfunkredaktionen, sind in den Marketingunterlagen der Klinik fündig geworden. Unter den dort veröffentlichten Erfolgsstorys der Klinik befänden sich, so schreiben die Journalisten, auch Fälle von Patienten, die inzwischen verstorben seien – weil sie angeblich nie geheilt worden waren. Der Vorwurf ist schnell in die Tastatur getippt: Hier wird mit Toten geworben! Für eine Klinik ist das ein Reputations-GAU.

Im Krisenraum ist die Stimmung zum Schneiden: Der Klinikchef will die Medien verklagen, der Eigentümer schwankt zwischen Hellsicht und Verzweiflung, denn hier wird gerade seine Reputation vernichtet und damit seine unternehmerische Lebensleistung. Anwälte und Ärzte liegen sich in den Haaren: Erstere mahnen zur Vorsicht, Letztere beharren darauf, dass hier schließlich kein Kunstfehler vorliege – es handle sich *nur* um ein Marketingproblem. Nur eines passiert nicht: Niemand arbeitet am Problem selbst!

Die simple Frage kann keiner in dieser Runde in fünf einfachen Sätzen beantworten: Was ist eigentlich passiert? Statt an Problemlösungen und Sprachregelungen zu arbeiten, wird gestritten. Das ist in Krisensituationen nicht ungewöhnlich. Am Anfang herrscht meist Desinformation vor, bei den Medien und auch – was noch schlimmer ist – bei den betroffenen Unternehmen oder Streitparteien selbst.

Dabei können genau diese Stunden entscheidend sein. Während man im Krisenraum streitet, verfestigt sich in der Öffentlichkeit ein Bild, gegen das man in den nächsten Tagen und Wochen anarbeiten muss – und zwar losgelöst von der Frage, ob es richtig oder falsch ist. Krisenkommunikatoren und Litigation-PR-Experten wissen, dass sie gerade in dieser Phase schnell und aktiv gegensteuern sollten, um die Meinungsbildung zu beeinflussen. Vorschnelle Aussagen können aber zu erheblichen Nachteilen im weiteren Kommunikationsverlauf führen oder sogar unangenehme rechtliche Folgen haben.

In der Regel beginnt man in einer solchen Situation mit einem Holding-Statement, darin unterscheiden sich Krisen- und Litigation-PR nur wenig. Man entwickelt eine neutrale Sprachregelung, die man so lange in der Anfangsphase gebetsmühlenartig wiederholt, bis man einen Überblick über die Lage gewonnen hat. Das ist für alle Seiten unbefriedigend – für Sprecher wie für Journalisten. Das kritische Problem besteht aber darin, dass man in dieser Situation möglicherweise aus Unwissen vorschnell Ursachen oder Einschätzungen über eine Krisenlage verbreitet. Erweisen die sich später als falsch, dann ist der Vertrauensverlust oft erheblich.

Worüber kann man aber sonst einigermaßen bedenkenlos reden? An dieser Stelle kann man sich beispielsweise an der 3-P-Regel orientieren: Produkt, Prozess und Policy.

- **Produkt/Problem:** Was ist konkret passiert? Was wissen wir aktuell über den Vorfall und welche Produkte oder Leistungen sind betroffen? In dem vorliegenden Fall kann man also zunächst kurz das Leistungsprofil der Klinik darstellen und die Vorwürfe eingrenzen. Hier geht es um Anschuldigungen gegen die Marketingarbeit der Klinik. In einer derart frühen Phase der Krise kann man oft nur wenige Aspekte wirklich ausschließen. Daher sollte man damit auch vorsichtig sein.
- **Prozess:** An dieser Stelle sollte man auch über die Maßnahmen reden, die man zur Problemlösung eingeleitet hat. Also zum Beispiel, dass man alle Patientenakten durchforstet und in jedem Einzelfall genau prüft.

- **Policy:** In diesen Kontext gehören auch ein Hinweis auf die Richtlinien und Guidelines, denen die Klinik folgt, etwa die hohen medizinischen Qualitätsstandards, Zertifizierungen und dergleichen mehr.

Damit ist das Kommunikationsproblem selbstverständlich nicht gelöst. Genau genommen beginnt die Arbeit an dieser Stelle erst. Aber anhand der 3-P-Regel kann man ein erstes Holding-Statement erstellen – mit dem man auf einigermaßen sicherem Grund steht.

Noch ein letztes Wort zu Entschuldigungen: Ein natürlicher Reflex bei Managern und Kommunikationsexperten ist es, ein Problem möglichst schnell auszuräumen. Dazu können eine klare Distanzierung vom Geschehen gehören, ein klares Bekenntnis zur Aufklärung und eine Entschuldigung bei den Betroffenen. An dieser Stelle erhebt dann meist der Hausjurist Einspruch: Die Entschuldigung könne als Anerkennung der Schuld ausgelegt werden und damit verheerende rechtliche Folgen haben.

Das Problem hat einen wahren Kern, wird aber oft maßlos übertrieben. Zwischen einer kommunikativen Entschuldigung und einer rechtlich verbindlichen Anerkennung einer Schuld liegen Welten (Klindt 2014b). Eine Krisenentschuldigung bestätigt keine Haftungsansprüche. Sie dient dazu, mit geradem Rücken und offenem Visier sein Bedauern über das auszudrücken, was passiert ist.

Ein Haftungsanspruch besteht nicht deshalb, weil sich ein Unternehmen für Unannehmlichkeiten entschuldigt hat, die bei Betroffenen entstanden sind. Kommunikationsexperten und Pressesprecher „sollten sich also darin frei fühlen, Renommee und Reputation des Unternehmens gerade auch in der Formulierung einer Entschuldigung souverän zu präsentieren" (Klindt 2014b). Eine Regel gibt es dabei aber schon: Jede gut formulierte Bitte um Entschuldigung sollte allein auf die negativen Umstände bei den Betroffenen Bezug nehmen. Die möglicherweise strittigen Umstände beim entschuldigenden Unternehmen bleiben in einer Entschuldigung außen vor. Man konzentriert sich auf die Perspektive des Konsumenten – oder hier des Patienten: „Es tut uns leid, dass der Eindruck entstanden ist, man würde pietätlos mit dem Schicksal der Patienten umgehen. Wir bitten die Familien um Verzeihung, wenn altes Leid wieder in Erinnerung gerufen wurde." So etwas zu sagen, ist eine Frage des Anstands, nicht des Rechts.

3.2   Phasen der Litigation-PR

Im Ablauf eines Verfahrens – sei es im Zivil- oder Strafrecht – gibt es verschiedene, vorhersehbare und zeitlich einigermaßen gut planbare Prozessschritte, an denen man mit der Berichterstattung der Medien rechnen sollte. Einiges bleibt allerdings

unkalkulierbar. Kaum ein Fall ist wie ein anderer. An einem allgemeingültigen
Litigation-PR-Plan kann man sich in der Regel nicht orientieren, aber zumindest
die Standardabläufe in einem Straf- oder Zivilrechtsprozess sollte jeder Litigation-
PR-Profi kennen. Die prozessuale Struktur ist vorgegeben. Umso wichtiger ist es,
dass man die bekannten „Stationen" auch aus Kommunikationssicht strategisch
plant und mit dem prozessführenden Anwalt rechtzeitig vorbereitet.

3.2.1 Die vorprozessuale Phase

Der Ausgangspunkt einer Rechtsauseinandersetzung ist ein bestimmter Sachverhalt oder eine Tat, über die der Rechtsstreit geführt wird, egal ob es hier im engeren
Sinne um eine Straftat geht oder um ein zivilrechtlich relevantes Vergehen. Die
allermeisten Rechtsstreitigkeiten laufen ab, ohne dass die Öffentlichkeit Kenntnis
davon nimmt. Es müssen einige Nachrichtenfaktoren dazu kommen, um einen
Streitsachverhalt zu einem Fall von öffentlichem Interesse zu machen – etwa die
Bekanntheit der Beteiligten, die besondere Schwere des Vergehens, die Relevanz
für Betroffene. Besteht das Risiko, dass ein solcher Rechtsstreit in einem Prozess
mündet und dadurch öffentlich wird, sollte ein Litigation-PR-Experte im Hintergrund eine mögliche Eskalation des Problems vorbereiten. Das kann in jeder Phase
des Verfahrens geschehen. Der Litigation-PR-Ernstfall muss nicht zum Anfang
eines Verfahrens eintreten – manchmal tritt er sogar nie ein.

Gerät ein Rechtsstreit dann aber in den Fokus öffentlichen Interesses, muss es
meist schnell gehen und darauf sollte man vorbereitet sein. Die Maßnahmen beim
ersten Bekanntwerden ähneln den klassischen Vorgehensweisen in der Krisenkommunikation. Sie sind in der Regel kurzfristig und konzentrieren sich auf das
Management und die Eindämmung der akuten Situation. Erst später erweitert sich
die kommunikative Perspektive auf einen langfristig geführten Rechtsstreit. Man
könnte das daher zugespitzt so formulieren: Krisenkommunikation ist ein Sprint,
Litigation-PR ein Marathon.

Ein prozessual geführter Rechtsstreit wird in der Regel durch einen der folgenden Anlässe öffentlich:

Im Zivilprozess

- Öffentliche Ankündigung einer Partei, dass sie rechtliche Schritte ein-
  leiten wolle.
- Klagerhebung: Im Gegensatz zum Strafprozess bestimmen die Parteien des
  Rechtsstreits den Prozessgegenstand, die Beweismittel und in gewissem Umfang auch den Verfahrensablauf. Der Zivilprozess beginnt mit der Erhebung

einer Klage. Hierzu reicht der Kläger einen Schriftsatz, die Klageschrift, bei
Gericht ein. Nachdem das Gericht die wesentlichen Prozessvoraussetzungen,
etwa Partei- und Prozessfähigkeit, geprüft hat, entscheidet es, ob zunächst ein
schriftliches Vorverfahren durchgeführt oder ein erster Termin anberaumt werden soll.

• Ankündigung des Gerichts des Haupttermins mit einer mündlichen Verhandlung.

Im Strafprozess

• Ankündigung der Staatsanwaltschaft über den Beginn eines Ermittlungsverfahrens entweder durch eine Anzeige Dritter oder durch hinreichende Hinweise
auf eine Straftat.
• Anklageerhebung und Beginn des Zwischenverfahrens: Das Zwischenverfahren
beginnt mit dem Eingang der Anklageschrift bei dem zuständigen Gericht und
endet mit der Entscheidung des Gerichts über die Eröffnung des Hauptverfahrens.
• Ankündigung des Gerichts zur (Nicht-)Eröffnung des Hauptverfahrens.

Im Strafprozess entscheidet der Staatsanwalt über die Aufnahme eines Ermittlungsverfahrens, das sogenannte **Vorverfahren**. Dazu reicht ein Anfangsverdacht. Der
Staatsanwalt beurteilt dann die von der Polizei ermittelten Sachverhalte auf ihre
rechtliche Verwertbarkeit und entscheidet schließlich auch darüber, ob ein Ermittlungsverfahren eingestellt oder ob eine Anklage erhoben (beziehungsweise
einen Strafbefehl beantragt) wird. Die Grundlage dafür bildet nach § 170 der Strafprozessordnung (StPO) ein „hinreichender Tatverdacht". Dabei muss der Staatsanwalt im Rahmen einer vorläufigen Bewertung zu dem Schluss kommen, dass
eine Verurteilung des Beschuldigten wahrscheinlicher ist als sein Freispruch. Diese
Wahrscheinlichkeit muss dabei über 50 Prozent liegen. Entschließt sich die Staatsanwaltschaft zur Erhebung der öffentlichen Klage schickt sie die Anklageschrift
mit den Akten zusammen mit dem Antrag, das Hauptverfahren zu eröffnen, an das
zuständige Gericht.

Mit dem Eingang der Anklageschrift bei dem zuständigen Gericht beginnt das
Zwischenverfahren. Das Gericht prüft zu diesem Zweck, ob die Anklageschrift
den Erfordernissen der StPO genügt. Ist dies der Fall, so wird das Gericht das
Hauptverfahren eröffnen. Ist dies nicht der Fall, kann das Gericht die Anklageschrift zunächst der Staatsanwaltschaft zur Korrektur zurückgeben. Weigert sich
die Staatsanwaltschaft, die Anklageschrift zu korrigieren, während das Gericht an

seiner Auffassung festhält, dass eine wirksame Anklageschrift nicht gegeben sei, wird die Eröffnung des Hauptverfahrens abgelehnt.

In den frühen Phasen kann es zudem eine Reihe von weiteren Kommunikationsanlässen geben. Die Parteien können Gutachten vorlegen oder andere vertrauliche Informationen den Medien zuspielen. Es können sich dritte Parteien äußern, etwa die Politik oder Nebenkläger, die sich formieren. Es können zu unterschiedlichen Fragen komplexe Diskussionen entstehen, etwa zur Zuständigkeit von Gerichten und vielem mehr. All diese Punkte in einem Verfahren können Gegenstand von Berichterstattungen sein und müssen von der Litigation-PR entsprechend begleitet werden.

Die vorprozessuale Phase ist üblicherweise eine Phase der Unsicherheit für alle Beteiligten. Oft ist der konkrete Streitsachverhalt noch nicht wirklich klar und die anwaltliche Strategie noch lückenhaft. Aber in dieser Phase werden die entscheidenden Weichen in der öffentlichen Wahrnehmung gestellt. Litigation-PR-Profis sind sich darin einig, dass ein großer Teil des messbaren Reputationsschadens im Kontext der Erstkommunikation entsteht – und da bereits verhindert werden könnte. Wenn möglich, sollte daher in dieser Phase der Akutkrise konsequent kommuniziert werden. Gegen die Vorverurteilung, Themen und Bewertungen, die jetzt in den Meinungsmarkt kommen, wird man im Folgenden immer ankämpfen.

3.2.2 Der eigentliche Prozess

Der Gerichtsprozess im eigentlichen Sinne beginnt für die Medien mit der Festsetzung des **ersten Verhandlungstermins** – losgelöst von der Frage, ob es sich hierbei um einen Zivil- oder Strafprozess handelt. Die Journalisten nutzen die Zeit vor dem Prozessbeginn in der Regel zur Vorberichterstattung. Dabei wird noch einmal aufbereitet, was bisher geschah und welche Bedeutung der nun tatsächlich anstehende Prozess für die Streitparteien hat. Dies ist für die Litigation-PR ein wichtiger Meilenstein. Jetzt hat man die Chance, noch einmal in die Meinungsbildung einzugreifen, Irrtümer zu korrigieren und Einschätzungen zum weiteren Prozessverlauf zu geben. Es kommt darauf an, welche Details aus der Vergangenheit ins Gedächtnis gerufen werden und welche nicht.

Richtig groß wird das Medieninteresse dann am ersten Prozesstag. Manchmal tritt ein Rechtsstreit erst jetzt ins Bewusstsein der breiteren Öffentlichkeit. Die Journalisten haben sich zu diesem Zeitpunkt allerdings oft ihre Meinung schon gebildet, die fortan nur noch durch Details modifiziert wird. Für Anwälte, Mandanten und Litigation-PR-Profis muss klar sein, dass man nicht bis zu diesem Tag warten darf und die Weichen viel früher gestellt werden müssen. Gleichwohl gibt es immer noch viel zu gestalten, denn jetzt kommt es auch auf Bilder und Emotionen an: Welchen Eindruck macht die Person? Zeigt sie Demut? Wirkt sie schuldig?

Der weitere Prozessverlauf ist wesentlich geprägt von Beweisführungen und Zeugenaussagen, die selten Informationen bringen, die nicht schon in der Phase der Verfahrensvorbereitung bekannt waren. Hier geht es vielfach um das Auftreten der Zeugen und den Eindruck, den die Prozessparteien dabei machen. Das betrifft auch den Stil der Prozessführung durch die Richter und die argumentative Stringenz der Staatsanwälte, die hier gern als Indizien verwendet werden. Zunehmend wird die Berichterstattung auch durch die Social Media geprägt, etwa durch Liveticker aus dem Gerichtssaal auf Twitter. In dieser Phase ist für den Litigation-PR-Profi eine kontinuierliche Präsenz bei Gericht sinnvoll. Jeder Prozesstag gibt die Chance, mit den Journalisten und Prozessparteien zu sprechen, das Meinungsbild zu justieren und auf unvorhergesehene Schritte der Gegenseite einzugehen.

3.2.3 Urteil und Berufung

Das Urteil in erster Instanz bildet den (vorläufigen) Abschluss des Gerichtsverfahrens. Noch einmal sehen die Medien genau hin: Wie hat der Angeklagte beim Urteilsspruch reagiert? Medien und Öffentlichkeit haben sich zu diesem Zeitpunkt allerdings ihr Urteil längst gefällt – und das wirkt manchmal schwerer als das tatsächliche Urteil. Ein Freispruch des Gerichts wird nicht unbedingt immer positiv aufgenommen, zumal wenn eindeutig ist, dass der Prozess weitergehen wird. Eine Verurteilung in erster Instanz entfaltet dagegen große mediale Wirkung. Das Einlegen von Rechtsmittel ändert nicht unbedingt etwas an der drohenden Vorverurteilung: irgendetwas muss ja schließlich dran sein.

Das Medieninteresse an einem langwierigen Instanzenweg nimmt in der Regel ab. Häufig geht es dann um komplexe juristische Details, für die sich eine durchschnittliche Leserschaft kaum mehr interessiert. Für die Litigation-PR wird es nun noch schwieriger, gegen ein einmal gefälltes Vorurteil in der Öffentlichkeit anzukommen. Ohne „sensationelle" neue Beweise oder Zeugen ist das schwierig. Nun muss man schon eine spektakuläre Wendung oder einen Justizirrtum inszenieren. Die Geschichte der Justiz ist leider voll von Freisprüchen, eingestellten oder im Instanzenweg „kassierten" Verfahren, an die sich kaum jemand erinnert. Oft werden diese späten Entscheidungen der Gerichte durch das öffentliche Spektakel am Verfahrensbeginn überblendet.

3.3   Kommunikationsstrategien

Die Wahl der Mittel in der Litigation-PR hängt oft von der juristischen Strategie ab (siehe Abb. 3.1). Für die Kommunikatoren gilt dabei das anwaltliche Primat – und das macht zu einem großen Teil die Besonderheit der Litigation-PR aus. Im Gegensatz zu Vorgehensweisen, wie sie in den klassischen Corporate Communications üblich wären, gelten hier andere Gesetzmäßigkeiten – sowohl in Bezug auf die Informationsangebote an die Öffentlichkeit als auch den zeitlichen Ablauf.

Dabei wird zwischen defensiven und offensiven Kommunikationsstrategien unterschieden. Grundsätzlich ist in der Litigation-PR eher eine gewisse Zurückhaltung empfehlenswert, denn aggressives Auftrumpfen ist selten angebracht. Aggressive öffentliche Feldzüge gegen Prozessgegner oder gar gegen die Staatsanwaltschaft sind mit Vorsicht zu genießen, da sie auch von den Richtern meist nicht goutiert werden.

Es gibt aber auch Situationen, in denen offensive Vorgehensweise notwendig sind: Litigation-PR erfordert noch mehr taktisches Fingerspitzengefühl, als man es aus der klassischen Krisenkommunikation ohnehin kennt. Es geht eben nicht nur um den Schutz der Reputation, sondern auch darum, einen Rechtsstreit zu gewinnen. Und das macht es oft erforderlich, taktisch vielseitig vorgehen zu können.

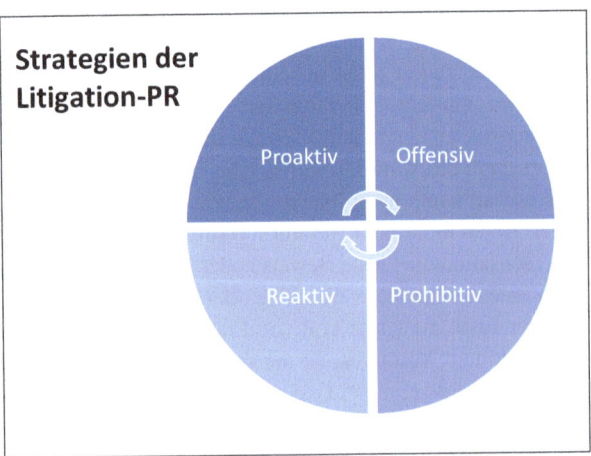

Abb. 3.1 Strategien der Litigation-PR (eigene Darstellung)

3.3.1 Die prohibitive Strategie

Die prohibitive Strategie gehört streng genommen nicht zum Instrumentarium der Litigation-PR, sondern eher ins Aufgabenfeld von Anwälten, die auf Medien- und Äußerungsrecht spezialisiert sind. Dabei versuchen Anwälte beispielsweise durch Androhung rechtlicher Schritte, Veröffentlichungen zu verhindern. Hier stellt das Medienrecht einem geschickten Anwalt innerhalb bestimmter Grenzen Möglichkeiten zur Verfügung, die Nennung eines Namens oder eine gesamte unzulässige Verdachtsberichterstattung zu unterbinden. Sind Berichte bereits erschienen, so können Anwälte in bestimmten Situationen etwa eine Gegendarstellung erwirken – wovon aber in den meisten Fällen eher abzuraten ist. Wenn schon, dann sollte eher versucht werden, dass bestimmte Berichte oder Namensnennungen ganz aus dem Internet verschwinden, damit sie durch Suchmaschinen nicht mehr indiziert werden können.

Manchmal ist die rechtliche Vorgehensweise angebracht. Im Kontext einer Litigation-PR-Strategie sollte aber potenzieller Nutzen und Schaden stets abgewogen werden. Es ist schwierig, mit einem Medium oder Verlagshaus einen konstruktiven Dialog zu führen, wenn man gleichzeitig dagegen klagt. Wenn also eine Berichterstattung ohnehin nicht zu verhindern ist, sollte genau abgewogen werden, ob man die Folgen einer rechtlichen Auseinandersetzung mit einem Medienhaus wirklich in Kauf nehmen möchte. Es ist nicht auszuschließen, dass die Neutralität der Berichterstattung in Zukunft darunter leiden wird.

Trotzdem kann es in bestimmten Situationen durchaus empfehlenswert sein, die Litigation-PR-Strategie punktuell durch medienrechtliche Maßnahmen zu ergänzen. Das gilt gerade für kleine- oder mittelständische Unternehmen. Selbst bei der besten Litigation-PR lässt es sich nicht immer verhindern, dass einzelne kritische Berichte doch in den Medien erscheinen. Der momentane Reputationsverlust wäre zu verschmerzen. Solche Berichte stehen aber im Suchmaschinenranking dann oft ganz weit oben. Für die betroffenen Unternehmen kann dies zu einem langfristigen Marketingproblem werden. Jeder potenzielle Kunde, der sich im Internet informieren will, stößt bei Google auf diese kritischen Berichte. Selbst wenn sie sachlich unbegründet sind und die Urteile später zugunsten der Betroffen ausfallen, droht ein nachhaltiger Reputationsschaden. Mit klassischen SEO-Mitteln ist dem Problem oft nicht beizukommen. In so einem Fall können medienrechtliche Schritte durchaus sinnvoll sein, um besagte Beiträge aus dem Internet zu bekommen. Auf weitere Möglichkeiten gehen wir in Abschn. 5.6 noch näher ein.

3.3.2   Die reaktive Strategie

Die reaktiv-defensive Strategie ist immer dann angebracht, wenn über den weiteren Verlauf des Geschehens, die Details der Klage oder auch die eigene anwaltliche Strategie noch Unklarheit herrscht. Da sich diese drei Faktoren oft gegenseitig bedingen, kann die Phase der Unklarheit relativ lange dauern. In einer solchen Situation sind für den Litigation-PR-Profi gute Nerven und strikte Disziplin gefragt.

Die Öffentlichkeit bildet sich ihre Meinung in der Regel in den ersten Tagen einer Krise. Der Krisenkommunikator weiß, dass er gerade in dieser Phase schnell und aktiv gegensteuern sollte, um die Meinungsbildung zu beeinflussen. Vorschnelle Aussagen können aber in der Litigation-PR zu erheblichen Nachteilen im weiteren Verlauf führen, die eventuell sogar unangenehme rechtliche Folgen haben.

Das bedeutet in der Regel, dass man sich konsequent an Holding-Statements oder neutrale Sprachregelungen hält und diese immer wieder iterieren muss. Das ist für alle Seiten unbefriedigend – für Sprecher wie für Journalisten. Man sollte aber bedenken, dass man im Hintergrundgespräch mit den Journalisten durchaus verdeckte Guidance geben und bestimmte Perspektiven vermitteln kann. Hier bringt der Kommunikator seine ganze Glaubwürdigkeit ein. Zudem ist der direkte Weg in der Regel nicht der einzige, denn meist gibt es in komplexen Streitsachverhalten vielfältige Interessengruppen, die man mit etwas Geschick im Sinne der eigenen Argumentation mobilisieren kann. Näheres dazu finden Sie unter anderem in Abschn. 5.3.

3.3.3   Die proaktive Strategie

Der proaktiv-kooperative Stil ist für viele Unternehmenskommunikatoren eine präferierte Vorgehensweise. Man geht auf die Zielgruppen zu, bietet Hilfe, Hintergründe und Informationshappen an, mit dem Ziel, Vertrauen aufzubauen und den Informationsfluss langfristig besser steuern zu können. Man kommt so zudem aus einer reaktiven Haltung heraus und kann selbst Informationen setzen, anstatt nur auf sie zu reagieren, was weitaus souveräner und vertrauenswürdiger wirkt. Wenn möglich, sollte daher von Anfang an versucht werden, dass die eigene Argumentation angemessenen Raum in der Berichterstattung bekommt.

Zudem führt eine offene Informationspolitik dazu, dass der Eindruck von Salamitaktik vermieden werden kann, der leicht in der Öffentlichkeit entsteht, wenn Informationen nur scheibchenweise bestätigt werden. Auch kritische Punkte sollten daher aktiv angesprochen werden.

Mit der proaktiven Strategie können Litigation-PR-Profis leicht in Konflikt mit Anwälten geraten, die sich lieber in kommunikativer Zurückhaltung üben. Gerade in der Frühphase eines Rechtsstreits müssen Kommunikatoren allerdings im Dialog mit der Öffentlichkeit einen gewissen Handlungsspielraum haben, denn je aktiver die betroffenen Parteien kommunizieren, desto eher besteht die Chance, mit der eigenen Sicht in der Öffentlichkeit durchzudringen.

Dem stehen oft rechtliche Bedenken entgegen: Viele Anwälte scheuen den frühen Dialog mit der Öffentlichkeit. Zum einen ist Verschwiegenheit (§ 43a Abs. 2 BRAO; § 2 BORA) eines der wichtigsten „Gebote" ihres Berufs. Zudem kennen sie die Fallstricke in Form von Widerklagen, Verlust des Versicherungsschutzes für die Mandanten oder anderen Rechtsfolgen, die mit einer vorschnellen Veröffentlichung von Details verbunden sind, besser als alle anderen (Sieber und Löffel 2016). Es gibt aber auch handfeste Gründe, die dafür sprechen, denn gerade in der Frühphase eines Rechtsstreits ist vieles unklar. Im Strafverfahren ist es beispielsweise oft noch schwer abzusehen, in welche Richtung die Ermittlungen gehen, was sie zutage fördern, ob es tatsächlich eine Anklage geben und wie eine Anklageschrift dann aussehen wird. Konkret heißt das: Anwälte wissen in dieser Phase oft noch gar nicht, wogegen sie sich exakt verteidigen müssen. Frühe Stellungnahmen können da eine spätere Verteidigungsstrategie durchkreuzen. Ähnliches gilt auch im Zivilprozess, wo bis zur Zustellung der Klageschrift oft noch unklar ist, worum es eigentlich im Rechtsstreit geht und was konkret vorgeworfen wird. Da deckt man ungern das eigene Blatt auf.

3.3.4 Die offensive Strategie

Manche Mandanten fühlen sich von der Gegenseite oder der Staatsanwaltschaft unangemessen behandelt oder zu Unrecht vorgeführt. Sie haben das verständliche Bedürfnis, sich Luft zu machen und ihre Meinung zu sagen, sie fordern eine dementsprechend offensive Kommunikation. Dabei ist aber Vorsicht geboten.

Eine aggressive, offensive oder gar auf Konfrontation gegen das Justizsystem ausgerichtete Kommunikationsstrategie geht selten auf. Im Gegenteil: Sie löst möglicherweise Ablehnung aus und verschließt Türen, die vorher noch offen standen. Es macht in der öffentlichen Wahrnehmung zudem kein gutes Bild, wenn der Beschuldigte während des Verfahrens oder Prozesses durch Überheblichkeit und Ignoranz der Umstände die Aufmerksamkeit auf sich zieht. Betroffene müssen vielmehr das Gefühl vermitteln, dass sie bei aller Beteuerung ihrer Unschuld Respekt vor der Justiz und der Öffentlichkeit an den Tag legen. Das hat nichts mit einem Schuldeingeständnis zu tun, sondern mit Professionalität und Management von Erwartungshaltungen.

Zudem sollte bedacht werden, dass dem Richter beziehungsweise der Staatsanwaltschaft und den ermittelnden Behörden nicht der Spielraum genommen werden sollte. Alle Aussagen in Richtung Justiz müssen vorab genauestens auf mögliche Reaktionen analysiert werden. Bei einer zu offensiven Strategie ist es möglich, dass die Justiz zusammenrückt. Die Vertreter der Justiz sollten daher nicht den Eindruck gewinnen, dass ihnen über die Medien ausgerichtet wird, wie sie zu entscheiden hätten – vielmehr muss genug Luft gelassen werden, dass Richter und Staatsanwälte auch Entscheidungen im Sinne des Angeklagten fällen oder Exit-Strategien einschlagen können. Daher ist der Versuch, die Staatsanwaltschaft oder die Justiz als Ganzes über die Medien abzustrafen, mit Vorsicht zu genießen. Korrekturen oder ergänzende Beweise sind erlaubt, von allzu offensichtlichen Medienfeldzügen ist hingegen meist abzuraten. Zum einen ist es eher unwahrscheinlich, dass sich Medien dafür instrumentalisieren lassen – gerade Staatsanwälte haben bei Journalisten oft ein gutes Standing, auch weil sie sich gegenseitig seit Jahren kennen. Zum anderen ist nichts gewonnen, wenn man die Behörden gegen sich aufbringt.

Allerdings gibt es Situationen, in denen vornehme Zurückhaltung fehl am Platz ist. Tom Enders (CEO von EADS und Airbus) ist es beispielsweise im Airbus-Fall mithilfe lautstarker Kritik in den französischen Medien gelungen, den Kurs der französischen Justiz (Medienpranger, U-Haft) zu korrigieren. Das hatte auch Auswirkungen auf die Berichterstattung in den Medien selbst: In Deutschland löste der Verdacht, Airbus könnte in einen Korruptionsskandal verwickelt sein, weiter Empörung gegen das Unternehmen aus. Die Medien in Frankreich vermuteten hingegen eine Verschwörung des Wettbewerbers Boeing: Er stecke in Europa hinter dem „Shitstorm" (Hanke und Siegmund 2017).

Wenn der Druck auf die Angeklagten zu groß wird, kann sogar ein medialer Befreiungsschlag notwendig werden. Das zeigte sich im Fall eines Bamberger Oberarztes, gegen den wegen sexuellen Missbrauchs ermittelt wurde. Kurz nachdem der Arzt in Untersuchungshaft ging, lud die Familie des Beklagten zu einer Pressekonferenz ein, in der sie bekannt gab, dass und warum sie Haftbeschwerde einlegen werde. Der Beklagte kam umgehend auf freien Fuß. In solchen schweren Fällen kann eine offensive Vorgehensweise in der Öffentlichkeit den Prozess der Vorverurteilung durchaus eindämmen – zumal, wenn die rechtlichen Schritte, hier die Haftbeschwerde, dann erfolgreich sind. Die Pressekonferenz wurde übrigens im Rahmen einer Medienkooperation von einem regionalen Hörfunksender live gestreamt und der Clip danach auf der Facebook-Seite des Angeklagten veröffentlicht.

Manchmal kippt dann auch das Meinungsklima. Ende April 2016 endete in München der Prozess gegen fünf Topmanager der Deutschen Bank – mit einem Freispruch. Stattdessen geriet die verantwortliche Oberstaatsanwältin selbst in die mediale Kritik: Sie habe sich verrannt, sehe den Wald vor lauter Bäumen nicht mehr, neige zu Verschwörungstheorien und sei unfähig zur Korrektur eines einmal eingeschlagenen Irrwegs. Dass die Medien statt die Manager deren Ankläger ins Visier nehmen, ist selten – aber eben auch kein Einzelfall mehr: Vom Prozess gegen Porsche-Chef Wendelin Wiedeking (Stuttgart) über den Laborunternehmer Bernd Schottdorf (Augsburg) bis zum Kunstsammler Cornelius Gurlitt (München) oder im laufenden Prozess gegen Ex-Audi-Vorstand Rupert Stadler – in immer mehr Fällen mussten die Staatsanwaltschaften herbe Kritik von den Medien einstecken.

Offensive Kommunikation kann erfolgreich sein, sie muss allerdings stets die Stimmungslage der Gegenseite antizipieren und eventuelle Risiken berücksichtigen. Auch der Prozessgegner hat in der Regel etwas zu verlieren, wenn die öffentliche Diskussion in die falsche Richtung geht. Ein Warnschuss über die Medien kann hier die Bereitschaft zum Kompromiss durchaus erhöhen. Sie kann aber auch das Gegenteil, eine „Jetzt-erst-recht-Haltung" auslösen. Es ist die hohe Kunst des Litigation-PR-Profis, dies auszubalancieren. Journalisten sind durchaus fähig, sich ein eigenes Bild über den Verlauf eines Prozesses zu machen. Larmoyantes Auftrumpfen der Angeklagten wird von ihnen in der Regel nicht goutiert. Man kann allerdings Belege sammeln, wenn etwa die Staatsanwaltschaft oder die Klägerseite wiederholt in ihrer Argumentation einbricht, nicht überzeugend wirkte oder gar vom Gericht kritisiert wird, weil bestimmte Aspekte schlecht oder gar nicht ermittelt wurden.

Instrumente der Litigation-PR

4

Zusammenfassung

In der Litigation-PR werden zahlreiche Instrumente genutzt, die auch aus der klassischen Krisen-PR bekannt sind, genauso wie auch die üblichen Verfahren der Presse- und Medienarbeit. Allerdings kommen hier andere inhaltliche Ausprägungen hinzu, zudem werden die Instrumente auch anders eingesetzt. So werden beispielsweise Pressemitteilungen in der Litigation-PR selten breit gestreut, sondern haben eher eine dokumentarische Funktion, bilden die Basis für Gespräche und liefern den Journalisten zitierfähige Sprachregelungen. Darüber hinaus lässt sich Litigation-PR längst nicht mehr auf Medienarbeit reduzieren. Je nach den zu adressierenden Stakeholder-Gruppen müssen auch weitere Disziplinen berücksichtigt werden. Hier gelten insbesondere die digitale und die politische Kommunikation als neuere wichtige Aufgabenfelder.

Der Litigation-PR steht inzwischen ein großes Instrumentarium zur Verfügung. Dabei geht es um die aktive Gestaltung eines breiten Meinungsspektrums in einer Öffentlichkeit mit heterogenen Zielgruppen. Wie oben bereits dargelegt, verstehen wir Litigation-PR als Stakeholder-Dialog. Er umfasst neben den Medien auch vielfältige Zielgruppen wie Politik, Verbände und Justiz.

Für viele Mandanten stellen jedoch die Medien nach wie vor die wichtigste Zielgruppe dar. Medienberichte beeinflussen direkt und unmittelbar ihre Reputation – und somit ihren gesellschaftlichen und wirtschaftlichen Handlungsspiel-

raum. Presse- und Medienarbeit ist daher ein wichtiges Aufgabenfeld in der Litigation-PR – aber längst nicht mehr das einzige.

4.1 Informationsgewinnung

Am Anfang vieler Litigation-PR-Kampagnen steht der Handlungsdruck. Die
Krisenhaftigkeit einer Situation verlangt vielfach nach schnellem und umfassendem
Handeln. Mandanten erwarten daher sofortige Interaktion etwa mit Medien. Der
Ruf nach der schnellen, dringend zu verschickenden Pressemitteilung wird laut,
aber solcherlei Schnellschüsse enden fast immer im Chaos. Oft lässt sich mit etwas
Nachdenken eine viel elegantere, leisere, effizientere Lösung finden.

Am Anfang sollte daher vielmehr die Informationsgewinnung und das Akten-
studium stehen. In der Regel muss man sich in denkbar kurzer Zeit enorme
Informationsmengen aneignen. Es ist nicht ungewöhnlich, dass man mit Kon-
voluten von mehreren hundert (oder tausend) Seiten Umfang konfrontiert wird. Es
ist leider für Litigation-PR-Experten unumgänglich, sich dem zu stellen, wenn sie
zu einem neuen Fall hinzugezogen werden. In der Regel bleibt es nicht bei diesen
primär juristischen Quellen, sondern Profis setzen meist sofort eigene Recherchen auf.

Aber beginnen wir mit den juristischen Quellen: Wenn möglich sollte man sich
wichtige Schlüsseldokumente selbst ansehen, beispielsweise anwaltliche Schriftsätze, strittige Vertragswerke oder vorliegende Gutachten. Das vermittelt ein bes-
seres Verständnis der Sachverhalte als die Eingangsbriefings. Das gilt insbesondere
dann, wenn eine prozessuale Auseinandersetzung nicht mehr zu verhindern oder
bereits im Gange ist – in der Litigation-PR längst nicht der Normalfall. Im Gegenteil: Kommt es zum Prozess, dann sind meist bereits im Vorfeld viele Versuche
einer kommunikativen Streitbeilegung gescheitert.

Ist der Prozess also da, so gibt es in der Regel sogenannte Prozessakten. Dazu
gehören grundsätzlich alle Schriftsätze und Unterlagen, die bei einem Gericht zum
Rechtsstreit geführt werden. In den Rechtsmittelinstanzen sind hiervon auch die in
den Vorinstanzen angefallenen Unterlagen betroffen. Hier ist es besonders wichtig
zu beachten, dass Streitparteien komplexe Einsichtsrechte in diese Prozessakte
haben – Außenstehende jedoch meist nicht. Trotzdem erleben wir es immer wieder,
dass Journalisten auch Einsicht in die Prozessakten genommen haben – auf welchem Weg auch immer.

Von besonderer Bedeutung ist die Klage- beziehungsweise Anklageschrift für
den Litigation-PR-Experten. Diese wird in der Regel auch den Journalisten – auf
direktem oder indirektem Weg – zugänglich gemacht. Die Klage- oder Anklageschrift bildet daher oft die wesentliche Grundlage für die öffentliche Wahrnehmung

eines Rechtsstreits. Sie beschreibt die eigentlichen Streitpunkte. Daher muss sich auch der Litigation-PR-Experte intensiv mit den hier dargestellten Argumenten auseinandersetzen.

Die **Klageschrift** gehört in den Bereich des Zivilrechts. Sie wird gemäß der Zivilprozessordnung in der Regel vom Kläger bei Gericht eingereicht und von diesem dem Beklagten zugestellt. Sie bildet die Grundlage der Klage im Hauptverfahren. Die **Anklageschrift** ist das Pendant im Strafprozess. Damit stellt im Strafverfahren die Staatsanwaltschaft den Antrag zur Beendigung des Ermittlungsverfahrens, wenn hinreichender Tatverdacht gegenüber einem Beschuldigten besteht. Sie enthält den Antrag auf Eröffnung des Hauptverfahrens.

In der Regel bleiben die Recherchearbeiten eines Litigation-PR-Experten aber nicht bei solchen juristischen Quellen stehen. Für die Erstellung einer sinnvollen Kommunikationsplanung ist es wichtig, unterschiedliche Perspektiven zu kennen: Man muss

- die Fallhistorie verstehen,
- die handelnden Personen einordnen können,
- die Beschuldigten oder Beklagten kennen und verstehen sowie
- die Rechtsfragen zumindest grob einordnen können.

Bei Letzterem helfen meist die beteiligten Anwälte – bei allem anderen in der Regel nicht. Die eigentliche Arbeit des Litigation-PR-Experten beginnt daher mit der Analyse der kommunikativen Arena: Wer ist (un-)mittelbar von dem Rechtsstreit betroffen? Wer hat Interessen, die mit dem Fall in Verbindung stehen? Wer gehört eher zu den Freunden, wer eher zu den Feinden? Wer kann die eigene Position im Zweifelsfall stärken und wer arbeitet im Hintergrund gegen uns? Gibt es bereits eine Medienberichterstattung zum Thema und wenn ja: Wie ist der Tenor? Welche Journalisten interessieren sich potenziell dafür und welche Haltung nehmen sie gegenüber einem Sachverhalt ein?

Bei solchen Stakeholder-Betrachtungen helfen klassische Instrumente wie Medienresonanz- und Social-Media-Analysen. Immer wieder vergessen wird aber ein kontinuierliches Medienmonitoring, dabei hilft dies nicht nur den Kommunikationsexperten, denn auch die Anwälte gewinnen aus der kontinuierlichen Berichterstattung oft neue Erkenntnisse. Die Medienberichterstattung darf man nicht nur als Reputationstreiber des Mandanten sehen – Journalisten sind auch wichtige Ermittlungsquellen, deren Arbeit und Rechercheergebnisse man verfolgen muss.

Immer mehr Kanzleien setzen inzwischen interne oder externe Recherche-, Investigationsdienste ein, um ihre Mandanten besser unterstützen zu können. Dabei geht es nicht nur um Off- und Onlinerecherchen, sondern zunehmend auch um komplexe interne Untersuchungen in Unternehmen – etwa bei

Internal-Investigation- oder Discovery-Verfahren. Die Aufgabe besteht darin,
forensisch verwertbare Informationen zu gewinnen, was in einer zunehmend
digitalen Lebenswelt eine immer komplexere Aufgabe wird.

Recherche und Investigation gewinnen auch für Litigation-PR-Experten zunehmend an Bedeutung. Ermittlung ist nicht nur Polizeisache. Die Kommunikatoren müssen nicht nur die Schwachstellen und Leichen im Keller ihrer Mandanten kennen, sondern auch die der Gegenseite! Dabei geht es eben nicht nur
um fallbezogene, forensisch verwertbare Informationen. Manchmal lässt sich
auf diese Weise ein lautstarker, öffentlicher Rechtsstreit sogar umgehen. Wenn
die Gegenseite weiß, welche für sie kritischen Themen im Rahmen einer öffentlichen Debatte hochkommen, ist sie in der Regel deutlich kompromiss-
bereiter.

Dabei spielt man nicht selten auch über Bande. Fraktionen in den Parlamenten,
Verbände, Gewerkschaften verfügen in der Regel über äußert wirkungsvolle Netzwerke und journalistische Kontakte. Auch hier findet man nicht selten Fürsprecher,
die bei einem eleganten Manöver unterstützen können, indem sie etwa bestimmte
Informationen exklusiv an prominenter Stelle platzieren. Der verbissene, in den
Medien ausgetragene Streit zwischen einem Aufsichtsratschef und einer ehemaligen Vorständin lässt sich dann viel schneller entschärfen, wenn man weiß, dass
beide ein Verhältnis hatten und Ersterer von Letzterer abgewiesen worden war. Das
ist nur ein deftiges Beispiel aus der Praxis. In der Regel wissen bestimmte
Meinungsführer (auch Journalisten) viel mehr über die handelnden Personen, als
man erahnt. Um dies hier zu verdeutlichen: Es ist nicht die Aufgabe des Litigation-
PR-Experten, sich an einer Schlammschlacht zu beteiligen, sondern sie diskret zu
verhindern. Skandalisierung schadet meist allen beteiligten Parteien – das sollte
allen immer bewusst sein. Ein Nadelstich an unerwarteter Stelle hat aber schon
manche verfahrene Streitsituation aufgelöst – auch hier kann die Litigation-PR viel
dazu beitragen.

4.2   Presse- und Medienarbeit

Das Interesse der Medien an Rechtsauseinandersetzungen nimmt kontinuierlich
zu, die Qualität der Berichterstattung hält aber nicht immer Schritt. Das liegt
keinesfalls immer an der journalistischen Qualität oder gar am mangelnden Ein-
satzwillen oder Interesse. Auch wenn dieser Vorwurf unter Juristen oft zu hören ist,
stellt sich die Situation unserer Erfahrung nach ganz anders dar. Nur noch wenige
Journalisten können es sich im heutigen Medienbetrieb leisten, sich ausgiebig mit
komplexen Rechtsstreitigkeiten auseinanderzusetzen. Sie müssen immer mehr Kanäle und immer mehr Aufgabenfelder in immer kürzerer Zeit gleichzeitig bedienen.

Einen langwierigen Rechtsstreit kontinuierlich zu verfolgen, bedeutet für sie einen enormen Aufwand, der sich nicht immer in publizierbaren Inhalten auszahlt. Verlässliche und seriöse Gesprächspartner und Informationsangebote sind rar – und werden daher von vielen Journalisten gern angenommen und berücksichtigt.

Eine gute Litigation-PR versucht daher die Komplexität solcher Fälle zu reduzieren, indem sie etwa verschiedene relevante Unterlagen und Dokumente zur Verfügung stellt und diese für den Medienalltag aufbereitet. Die Aufgabe des Litigation-PR-Profis ist es, aus der Fülle der juristischen Ausführungen die Informationen herauszufiltern, die für Medien und Leser relevant sind. Hier sind die klassischen PR-Instrumente nach wie vor nützlich, obwohl ihre praktische Nutzung im Rechtsstreit oder gar im Gerichtssaal nach wie vor und unverständlicherweise nicht gebräuchlich sind. Kein Kommunikationschef würde etwa Quartalszahlen ohne entsprechende Erläuterungen an die Öffentlichkeit geben. In Gerichtsprozessen lässt man die Journalisten aber erstaunlich oft und über lange Zeiträume in den Gerichtssälen allein, was man meist an der Berichterstattung merkt: ratlos, wenig fokussiert und oft schlicht falsch. Die Justiz-PR lässt hier viele Flanken offen, weil auch die Pressesprecher der Gerichte und Staatsanwaltschaften nur beschränkte Ressourcen haben. Durch Litigation-PR kann man hier manche Informationslücke schließen und stößt in der Regel auf dankbare Abnehmer unter den Journalisten.

4.2.1 Litigation-PR-Mappe

Ein wichtiger Bestandteil der Medienarbeit ist nach wie vor die sogenannte Litigation-PR-Mappe. Sie kann folgende Materialien umfassen:

- eine aktuelle Mitteilung zum konkreten Stand des Rechtsstreits,
- eine Erläuterung und Einordnung des Hintergrunds,
- eine Timeline: Erläuterung der Ereignisse auf der Zeitschiene,
- Lebenslauf/Kurz-CV des oder der Beschuldigten/Angeklagten,
- Info-Grafiken sowie
- Auszüge der entsprechenden Gesetzestexte, sofern sie relevant sind und dem Journalisten einen Verständnismehrwert bieten.

Hinzu kommt ein umfassendes Q&A, das aber natürlich nicht Bestandteil der Litigation-PR-Mappe sein muss. Wie für jede Form der Medienarbeit gilt: Dies ist nur eine mögliche Umsetzungsform. Ob man eine Litigation-PR-Mappe braucht, wie man sie einsetzt und was sie konkret enthält, hängt von der konkreten

Aufgabenstellung ab. Die Vorbereitung und Abstimmung eines Grundbestands an Sprachregelungen und Argumenten ist hingegen Pflicht bei jeder Litigation-PR-Kampagne.

4.2.2 Pressemitteilung

Die Pressemitteilung ist tot – lang lebe die Pressemitteilung! Dieser Satz ist zu einem immer wiederkehrenden Kalauer in der Medienbranche geworden. Angesichts der ständig wachsenden Dominanz von digitalen und sozialen Medien gilt es in gewissen Kreisen immer noch als schick, in regelmäßigen Abständen die Pressemitteilung für tot zu erklären.

Richtig daran ist: Eine bestimmte Art der Verlautbarungs-PR, die man gemeinhin mit Pressemitteilungen in Verbindung bringt, gehört in die Mottenkiste der Public Relations. Das bloße Verkünden von Informationen per Presse-Communiqué ist in der Tat nicht mehr zeitgemäß. Gleichwohl hat die Pressemitteilung auch heute noch ihre Berechtigung: Sie legt offiziell Rechenschaft ab über die Meinungen und Positionen der jeweiligen Streitpartei und bietet stets sowohl zitierbare als auch verlässliche Informationen. Sie ist der Tanker unter den vielfältigen PR-Schnellbooten, die wir uns gleich noch im Einzelnen anschauen werden. Die Pressemitteilung hat auch einen chronologischen Sinn, etwa, wenn man den Verlauf von komplexen Rechtsauseinandersetzung verfolgen und die Detailargumentationen zu Einzelaspekten dokumentieren möchte.

Das mag banal klingen, ist es aber in der Praxis einer schnelllebigen Medienwelt nicht. Zunächst einmal folgt die Pressemitteilung einem gelernten Modell, das alle in der Branche kennen, das also gerade deswegen ein effizientes und leistungsfähiges Instrument darstellt. Je professioneller und glaubwürdiger eine Pressemitteilung verfasst ist, desto größer ist auch die Chance auf eine journalistische Verwertung. Das Kunststück besteht darin, sowohl rechtssicher als auch mediengeeignet und zitierfähig zu formulieren. Es hat sich als nützlich erwiesen, beim Verfassen einer Pressemitteilung die sogenannten sechs W-Fragen zu berücksichtigen: wer, wo, wann, was, wie, warum. Das Wichtigste kommt gleich im ersten Absatz. Schließlich liefert die Pressemitteilung in der Regel auch ein Zitat, denn auch das nehmen Journalisten gern in ihre unterschiedlichen Pressformate auf, erspart es ihnen doch die aufwändige Recherche nach O-Tönen. Der größte Erfolg einer Pressemitteilung ist es, wenn sie eins zu eins übernommen wird.

Pressemitteilungen werden normalerweise nicht im Massenversand eingesetzt. Das unterscheidet Litigation-PR von Produkt-PR. Die Pressemitteilung ist sowohl ein Push- als auch ein Pull-Medium, die meist im Kontext einer mündlichen

Kommunikation mit den Journalisten steht – etwa vor dem Gerichtsaal oder am Vortag eines Gerichtsprozesses. In der Regel sind Journalisten, die sich mit einem Fall beschäftigen, gut und persönlich bekannt. Der Dialog mit diesen Journalisten ist entscheidend. Die Pressemitteilung verwendet man dann nur als offizielle, zitierfähige Dokumentation dessen, was man im Dialog bereits besprochen hat.

Die Pressemitteilung hat aber auch einen entscheidenden Nachteil: Ihre Durchschlagskraft ist begrenzt. Will man einen Exklusivbericht landen, ist die Pressemitteilung wenig dafür geeignet. Informationen, die alle gleichzeitig bekommen, verbreitet kein Medium besonders gern oder gar prominent. Exklusivität ist das Schlüsselwort: Hier gibt es vielfältige andere Instrumente.

4.2.3 Presse-Statement und Zitat-Seeding

Schneller geht das Verschicken von Statements oder Zitaten. Sie sind weniger offiziell und müssen oft nicht einmal über die klassischen Kanäle auf offiziellem Briefpapier verschickt werden. Wenn es schnell gehen soll, ist für die Litigation-PR-Experten das mündliche oder schriftliche Zitat die beste Wahl: Man schickt – gern auch mal über einen Direct-Tweet oder WhatsApp – ein paar Zeilen, ohne großen Zierrat, an einen vertrauten Journalisten. Manchmal ungefragt, manchmal auf dessen ebenso knappe wie formlose Anfrage.

Dieses Zitat-Seeding ist das Schnellboot der taktischen PR. Dabei sind die Zitatgeber meist gar nicht oder nur im Hintergrund involviert. Am Ende steht in einem Artikel dann: „…, sagte XY dem *Handelsblatt*" oder sogar, in kreativer Auslegung des Zitats „sagte der Anwalt xy im Gespräch mit der *FAZ*". Aus einer einzelnen SMS kann ein 120-Zeilen-Text werden. Erstaunlich viele „Debatten" werden auf diese Weise „mit zwei Daumen gesteuert" (Wieduwilt 2021).

4.2.4 Pressekonferenzen und Hintergrundgespräch

Pressekonferenzen haben in den vergangenen Jahren als PR-Instrument kontinuierlich an Bedeutung verloren. Kaum ein Journalist nimmt sich heute noch die Zeit für die Anreise zu einer Pressekonferenz. Der Nutzen für die Redakteure ist zweifelhaft, da sie dieselben Informationen bekommen, über die alle anderen auch schreiben. Pressekonferenzen sind nur dann sinnvoll, wenn von einem erheblichen Medieninteresse ausgegangen werden muss. Digitale Formate sind dabei Präsenzformaten vorzuziehen. Zu Pressekonferenzen wird meist dann eingeladen, wenn über ein Thema mit hoher, öffentlicher Aufmerksamkeit schnell und breit gefächert informiert werden muss und zu dem Zweck möglichst viele Journalisten gleichzeitig mit standardisierten Informationen versorgt werden sollen. Das ist etwa dann der Fall, wenn es um die Kommunikation von wichtigen, entscheidenden juristischen Schritten geht, wie zum Beispiel die Einbringung neuer Klagen.

In der Regel wird der Litigation-PR-Profi aber zu anderen Mitteln greifen. Seine Zielgruppe ist selten so groß, dass der PK-Breitschuss notwendig wäre. Zudem sind viele juristische Inhalte zu komplex, um sie in einer kurzen Presseinformation oder im Rahmen einer Pressekonferenz ausreichend erklären zu können.

Das beste Instrument ist das Hintergrundgespräch, was mit regelmäßigen Telefon- oder Zoom-Briefings von ausgewählten Journalisten beginnt. Oft ist auch ein Hintergrundgespräch im kleinen Rahmen für einen ausgewählten, gut informierten Kreis von Schlüsselmedien nützlich. Dabei kann es etwa darum gehen, dass ein Experte den Medienvertretern komplizierte juristische Details und die Rechtslage ausführlich erläutert. In einem solchen Rahmen haben beide Seiten die Zeit und den Raum, um ausführlich ihre Fragen zu stellen und strittige Sachverhalte zu erörtern.

In beiden Fällen ist eine umfassende Gesprächsvorbereitung des Mandanten und der beteiligten Anwälte entscheidend. Die Argumentation und die Kernaussagen müssen klar abgesprochen sein, entsprechende Q&As sind unbedingt einzuüben und einzuhalten. Klar ist aber auch: Hintergrundgespräche haben im Gegensatz zu Presseaussendungen und -konferenzen nicht den primären Zweck einer direkten Berichterstattung in den Medien. In der Regel sind neben dem Mandanten ein Litigation-PR-Profi und ein Anwalt anwesend. Wenn es um eher rechtstechnische Fragen geht, können die Erläuterungen durchaus nur von den Anwälten geliefert werden. Wer an einem solchen Gespräch teilnimmt, ist immer eine individuelle Abwägungsfrage. Es geht in erster Linie um die Vermittlung von Hintergrundinformationen. Dabei besteht auch die Chance, Einschätzungen, Bewertungen und Zwischentöne zu transportieren, die in konkreten Schriftstücken nicht vermittelt werden können.

4.2.5 Interview

Das journalistische Interview gehört zu den klassischen Stilformen des Journalismus. Es wird sowohl für die Print- und Onlinemedien genutzt als auch im Hörfunk und Fernsehen – wobei sich diese Mediengattungen immer mehr überschneiden. Beim Interview geht es nicht nur um die Themen und Inhalte, sondern auch um die Art und Weise der Präsentation. Journalisten unterscheiden zwischen kontroversen und nicht-kontroversen, zwischen „harten" oder „weichen" Interviews. Diese unterschiedlichen Formen kann man für die Litigation-PR durchaus abgestuft erleben – und zulassen. Je nach Medium erfährt das Interview spezifische Ausprägungen: Online und in der Presse steht bei Interviews vor allem der Text im Mittelpunkt, beim Radio geht es um die Stimme, Betonung und Aussprache. Der sogenannte O-Ton ist kurz, prägnant und zugespitzt. Journalisten wählen in der Regel für ein Hörfunk- oder Fernsehinterview aus einem komplexen Gespräch die kontroversesten Sätze aus. Ohne Kontext wirken sie oft sinnentstellend und kontraproduktiv. Daher sollte man stets auch O-Töne autorisieren lassen.

Das Interview eines Betroffenen in einem Rechtsstreit ist von großem Gewicht und damit auch meist leicht vermittelbar. Man kann damit Exklusivberichte landen, aber eben auch einen Mandanten vernichten. Eine pauschale Empfehlung ist hier nicht leicht. Die Art des Streitsachverhalts spielt dabei eine Rolle, der Grad der persönlichen Betroffenheit sowie die Erfahrung mit dieser Art von Gespräch. Der neue CEO kann unbefangener über Geschehnisse in der Vergangenheit reden als der betroffene. Mancher Ex-Manager ist ehrlich von seiner Unschuld überzeugt, redet sich dann aber um Kopf und Kragen. Es besteht im Pressegespräch immer das Risiko, dass Tonalität und Tendenz des Gesprächs kippen, sodass man das Gegenteil des gewünschten Effekts erreicht.

Das Interview ist ein vielseitiges Instrument. Es bietet die hiermit die Gelegenheit, den Medien statt eines Falles eine Persönlichkeit zu präsentieren. In einem Interview kann man mehr aus dem Leben zeigen, kann Graustufen abbilden, Abwägungen, persönliche Motivationen und Zwiespalte darstellen. Interviews sind dann das richtige Instrument, wenn es darum geht, einem Thema ein Gesicht zu verleihen und Botschaften eine tiefere emotionale Dimension zu geben.

Zur handwerklichen Finesse gehört das subtile Spiel von Off-the-Records- und On-the-Records-Bestandteilen in einem Interview. Ein Medienprofi kann mit Journalisten genau abstimmen, welche Bereiche eines Interviews vertraulich und welche zitierfähig sind. Zudem kann man in Deutschland (im Gegensatz zu anderen Ländern) ein Interview meist auch autorisieren. Journalisten mögen das zwar nicht, da in den komplexen Abstimmungsprozessen (oft mit der Rechtsabteilung) lebhafte und spannende Gespräche oft zur Unkenntlichkeit weichgespült werden. Mit Geschick und Fingerspitzengefühl kann man dabei aber Freiheit und Authentizität zulassen und gleichzeitig Rechtssicherheit und Reputationsschutz ermöglichen.

Allerdings ist auch Vorsicht geboten. Journalisten sind Interviewprofis. Sie besitzen eine jahrelange Erfahrung darin, Gespräche zu steuern und zu eskalieren. Sie verfügen über einen ganzen Baukasten an unverfänglich scheinenden Fragetechniken, um Mandanten aufs Glatteis zu führen. Selbstverständlich legen sie stets den Finger in die Wunde und werden die unangenehmen Themen direkt ansprechen. Darauf muss ein Sprecher vorbereitet werden. Ein Interview ist kein Spiel und trotz aller Lebensnähe sollte nichts dem Zufall überlassen werden. Kritische Fragen müssen genau vorbereitet und trainiert werden. Besteht hier nur der geringste Zweifel, dass ein Sprecher einbrechen könnte, sollte man von der Idee eines Interviews Abstand nehmen. Wenn man sich aber dafür entscheidet, vor die Medien zu gehen, dann ist umfassende Vorbereitung, Medientrainings für den Mandanten und eine sorgfältige Auswahl des Mediums sowie des Journalisten absolute Pflicht.

4.2.6 Kommentar und Gastbeitrag

Wenn ein Rechtsstreit oder eine öffentliche Debatte unübersichtlich zu werden droht, hat sich in der Politik dafür ein Kommunikationsinstrument etabliert: der Gastbeitrag oder -kommentar. Dabei handelt es sich um eine gut sichtbare Offensivwaffe in der öffentlichen Debatte – Hendrick Wieduwilt hat es „den Schuss aus der Politik-Haubitze" genannt (2021), um strategische Leitlinien darzulegen. So hat beispielsweise der französische Präsident Emmanuel Macron im Rahmen einer konzertierten Aktion vor der Europawahl 2019 Gastbeiträge in 28 europäischen Tageszeitschriften mit der gleichlautenden Botschaft platziert: Europa braucht eine Reform!

Die Haubitze kann auch in der Litigation-PR zum Einsatz kommen. So hat sich im Sommer 2021 der Verteidiger (und Ex-BGH-Richter) Thomas Fischer mit einem Gastbeitrag in der *Börsen-Zeitung* zum Thema Cum-ex zu Wort gemeldet (2021). Im Sinne seines Mandanten, dem Ex-Manager einer namhaften Bank, kritisiert er die Rolle der Staatsanwaltschaft Köln bei der Aufklärung von Cum-ex-Vorwürfen: „Wo ist das Problem?" ruft Fischer rhetorisch in die Runde. Schließlich hätten sich die Beschuldigten in Sachen Cum-ex doch an den bestehenden Rechtsrahmen gehalten. Prompt reagiert der nordrhein-westfälische Justizminister Peter Biesenbach, in dessen Verantwortungsbereich die ermittelnde Staatsanwaltschaft fällt (2021). Zwei Wochen später antwortet er in einem Gastbeitrag in derselben Zeitung: Das Problem sei Fischers eigene mangelnde Objektivität.

Im Tagesgeschäft der Litigation-PR kommen solche Haubitzengefechte zugegebenermaßen eher selten vor. Natürlich kann sich eine Streitpartei im Rahmen der ihr zugänglichen Medienkanäle offensiv mit Eigenbeiträgen zu Wort melden, das reicht von der Mitarbeiterzeitung über den Blogbeitrag bis zu Videostatements oder Social-Media-Posts. Wenn man sich schnell und unzensiert Gehör verschaffen will, um einen Sachverhalt klarzustellen, so kann das durchaus ein gangbarer Weg sein. Ein akzeptables Mittel ist es, wenn ein CEO in einem LinkedIn-Beitrag oder einem Mitarbeiterblog eine Position erläutert und man dann ausgewählte Journalisten dezent auf solche Veröffentlichungen hinweist.

Wenn man einen eigenen Gastkommentar als Haubitzenschuss betrachtet, so könnte man Third-Party-Expertenkommentare als Florett in der Litigation-PR sehen. Man setzt sie da ein, wo man mit der Haubitze viel zu große Kollateralschäden erzeugen würde. Die Idee: Ein anerkannter Experte gibt in einer meinungsführenden Zeitung zu einem strittigen Thema, etwa einer komplexen steuerrechtlichen Frage, seine Expertise ab, die unsere Litigation-PR-Argumentation unterstützt. Das kann man dann wiederum selbst einsetzen, zitieren oder über die sozialen Medien verbreiten – ein elegantes Spiel über Bande. Nun kann man Thomas Fischer zweifellos als anerkannten Experten bezeichnen. Sein Problem im oben angeführten Cum-ex-Beispiel war allerdings, dass man ihn sofort als Verteidiger gesehen hat, der eben in dieser Sache nicht unabhängig agiert. Biesenbach hat das in seiner Replik sofort aufgegriffen.

Der Expertengastbeitrag gehört sicher zu den höheren Weihen der PR-Kunst. Zunächst einmal muss man einen gewogenen Experten kennen und dazu motivieren, sich auf das Thema einzulassen. Dann muss man auch das Medium dazu bringen, einen solchen Gastbeitrag zu übernehmen, ohne dass die wahren Interessen sofort zu erkennen sind. Wenn das gelingt, ist es zugebenermaßen elegant. Man muss sich das aber gut überlegen. Ein derartiges handwerkliches Filetstück ist schwer zuzubereiten – und möglicherweise kann man das Kommunikationsziel auch einfacher erreichen.

4.2.7 „Geleakte" Papiere

Ein beliebtes Instrument zur Steuerung von Nachrichten in der Litigation-PR sind „geleakte Papiere". Wenn eine Zeitung vorab über ein „der Redaktion vorliegendes" Papier berichtet, ist das in einem Rechtsstreit kein Zufall. Man kann fast immer davon ausgehen, dass eine der Streitparteien Interesse daran hat, dass diese Information genau jetzt in den Medien steht. In der Regel hat diese Streitpartei das Dokument gezielt an die Medien weitergereicht.

Dabei ist allerdings Vorsicht geboten. Wenn es aufkommt, kann der gezielte „Leak" von Gutachten oder Prozessdokumenten haftungs- oder gar strafrechtliche Folgen haben (Sieber und Löffel 2016). Das ist insbesondere dann der Fall, wenn durch die Weitergabe solcher Dokumente ein nachweislicher Schaden entsteht, wie ihn beispielsweise die Anwaltskanzlei Bird&Bird geltend machte. Im Jahr 2016 wurde sie wegen angeblicher Pflichtverletzungen bei der Beratung eines Mandanten mit einer Schadensersatzklage in Millionenhöhe konfrontiert und der Fall wurde durch einen Beitrag in der Zeitschrift *Juve* bekannt. Die Anwälte blieben aber nicht untätig. Im Rahmen einer Widerklage machte die Kanzlei selbst einen Schadensersatzanspruch gegen die Kläger geltend: Angeblich hätten sie die Klageschrift und weitere Schriftsätze an wichtige Wirtschafts- und Fachmedien weitergegeben. Die Presse habe in ihrer Berichterstattung daraufhin falsche Behauptungen aus diesen Schriftsätzen aufgenommen und veröffentlicht. Dadurch sei der Kanzlei ein substanzieller Schaden entstanden: Der Ruf sei geschädigt worden, Mandate seien verloren gegangen. Aus dem Medien-Scoop ist ein Haftungsfall entstanden. So hatte sich die Gegenseite das sicher nicht vorgestellt.

Seitdem hat sich das Risiko eher noch verschärft. Nach der neuen Datenschutzgrundverordnung (DSGVO), die seit Mai 2018 anwendbar ist, dürfen auf diesem Weg keine Personendaten mehr in die Öffentlichkeit gelangen. Und auch das neue Geschäftsgeheimnisgesetz (GeschGehG), in Kraft seit April 2019, erschwert das Leaken, wenn die Schriftsätze Geschäftsgeheimnisse enthalten. Wenn man solche Dokumente weitergibt, sollte man prüfen, ob die DSGVO oder das GeschGehG anwendbar sind. Wenn ja, sollte das Dokument anonymisiert beziehungsweise geschwärzt werden. Manchmal kommt es gerade auf die Nennung bestimmter Namen an, was im Einzelfall erlaubt sein kann, wenn ein berechtigtes Interesse an ihrer Nennung besteht, aber genau das sollten Fachleute vorher prüfen.

Im schlimmsten Fall drohen bei der Weitergabe von Dokumenten sogar strafrechtliche Konsequenzen. Aufgrund der Bedeutung von Geschäftsgeheimnissen im Wirtschaftsleben sind diese nicht nur zivil-, sondern auch strafrechtlich geschützt. Bei bestimmten Verletzungen sieht § 23 GeschGehG daher strafrechtliche Sanktionen von bis zu drei Jahren Haft vor.

So hat beispielsweise die Wirtschaftsprüfungsgesellschaft EY im November 2021 Strafanzeige gegen unbekannt gestellt. Zuvor hatte das *Handelsblatt* einen als geheim eingestuften Bericht veröffentlicht. Dieser sogenannte Wambach-Bericht war im Sommer 2021 für den Untersuchungsausschuss des Deutschen Bundestags über die Arbeit der Wirtschaftsprüfer im Fall Wirecard erstellt worden. In dem 168 Seiten starken Dokument werden EY umfassende Versäumnisse bei der Prüfung Wirecards vorgeworfen. Die Anzeige von EY richtete sich dabei aber nicht gegen die verantwortlichen Journalisten des *Handelsblatts*, sondern gegen die Personen, die den Wambach-Bericht an die Redaktion weitergegeben hatten (Jung und Fehr 2021).

Solche offensiven Taktiken erlebt man in der Litigation-PR immer wieder. Es geht dabei in der Regel nicht vorrangig um den rechtlichen Erfolg. Taktisch motivierte Klagen setzen auch auf den Einschüchterungseffekt. Whistleblower sollten sich nicht allzu sicher fühlen, wenn sie sensible Informationen oder Unternehmensgeheimnisse weitergeben – das ist die eigentliche Botschaft hinter solchen Maßnahmen.

Trotz der gestiegenen Risiken werden ständig Gutachten und Prozessakten aller Art an die Medien weitergegeben. Der Grund ist einfach: Es funktioniert zuverlässig. Ein Journalist wird Dokumente, die ihm exklusiv zugespielt werden, in der Regel einen breiten Raum geben. Eine solche Quelle ist für ihn viel wertvoller als jede Pressemitteilung, die er nicht exklusiv hat.

Es kommt in der Litigation-PR also auf den Mix an. Die Weitergabe von Dokumenten kann ein wirksames Instrument sein. Dabei sollten aber die beschriebenen rechtlichen Rahmenbedingungen eingehalten oder mindestens sichergestellt werden, dass aufgrund der Zitate aus „heißen" Dokumenten nicht zu erkennen ist, wer sie an die Medien weitergegeben hat. Entsprechende Vereinbarungen sollte man auch mit den Journalisten treffen. Diese haben in der Regel Verständnis dafür – sie sind es gewohnt, ihre Quellen zu schützen. Auch wenn Insidern meist klar ist, aus welcher Richtung ein Dokument in die Medien gelangt ist, sollte das auf gar keinen Fall von der Gegenseite im Detail nachvollziehbar oder gar beweisbar sein.

4.3   Digitale Medien und Social Media

Die digitale Transformation der Medien, die seit geraumer Zeit die Verlagslandschaft verändert, nimmt auch Einfluss auf die Arbeit der Litigation-PR-Profis. Längst sind es nicht mehr allein die klassischen Print-, Hörfunk- und Fernsehjournalisten, die den Ton angeben. Die Onlinemedien, meist Ableger der großen Medienhäuser, geben inzwischen den Takt vor. Das hat Einfluss auf die Art und auch die Qualität der Arbeit. Durch Newsdesk- und Online-First-Strategien verschwindet die Trennung in den Medienhäusern zwischen Print- und Onlineredaktionen. Die erfahrenen Profis unter den Journalisten gibt es nach wie vor. In der Regel sind sie aber hoffnungslos überlastet und mit immer mehr Themen beschäftigt. Immer öfter begegnet man stattdessen jungen oder zumindest ressortübergreifend arbeitenden Kollegen, die mit den Rechtsauseinandersetzungen nicht in der Form vertraut sind. Nicht selten wird gar der Volontär in den Gerichtssaal geschickt. Der Erklärungsbedarf steigt dadurch für Litigation-PR-Profis.

Zudem beschleunigt sich durch die digitalen Medien, und insbesondere durch ihre Social-Media-Kanäle, die Verbreitung der Nachrichten erheblich. Während man früher bis zu einem Tag Zeit zur Intervention hatte, gehen die Nachrichten heute nahezu in Echtzeit raus. Wichtige Ereignisse, etwa neue Entwicklungen oder Zeugenaussagen während eines Prozesses, verbreiten sich wie ein Lauffeuer. Nicht selten schreiben die Journalisten bereits im Gerichtssaal ihre Beiträge. Dezentral genutzte Redaktionssysteme machen es möglich, dass man den Beitrag nach Öffnen der Gerichtssaaltüren per Knopfdruck direkt an die Redaktion weitergibt.

Diese Form des redaktionellen Arbeitens, die man bisher nur von Nachrichten-agenturen kannte, ist inzwischen selbst für Regionalmedien übliche Praxis. Das Tempo steigt für Litigation-PR-Experten und das Zeitfenster für proaktives Handeln wird immer kleiner.

Auch die journalistischen und medialen Formate verändern sich: Im Web gibt es keine Begrenzung für die Integration und Vernetzung von Medieninhalten. Themenrubriken, etwa Liveticker zu Prozessen, sind schnell eingerichtet. Jede Information kann durch Hyperlinks erweitert und vertieft werden. Die Entwicklung von einfachen und noch dazu kostenfreien Publikationsmöglichkeiten – wie Blogs, Foren, Social Networks (Facebook) oder Social-News-Plattformen (Twitter) – erweitern die publizistische Plattform. Journalisten orientieren sich in ihrer Berichterstattung immer mehr an jenen Themen, die bei den Usern im Social Web gerade am meisten diskutiert werden. Und sie kuratieren deren Nachrichten und Beiträge auch, etwa indem sie wichtige Posts auf ihre eigenen Nachrichtenseiten nehmen.

Neben den **Digitalen Medien**, die in der Regel ja Ableger der klassischen Verlagshäuser und Sendeanstalten sind, bekommt es die Litigation-PR nun zunehmend auch mit den **Sozialen Medien** zu tun. Dadurch können normale Web-User mit ihren Meinungen und ihrer Expertise zu Influencern werden, die Litigation-PR-Experten durchaus von Fall zu Fall berücksichtigen müssen. Sie sind nicht mehr nur passive Empfänger der Medienberichterstattung, sondern beginnen, diese auch aktiv mitzugestalten.

4.3.1 Litigation-PR-Websites

Digitale Medien halten daher verstärkt Einzug in Litigation-PR-Kampagnen, wie spezielle Litigation-PR-Websites. Gerade in langen und komplexen Prozessen, die sich inklusive des Ermittlungsverfahrens oft über viele Jahre hinziehen, hat es sich als nützlich erwiesen, solche Sites aufzusetzen und kontinuierlich zu pflegen. Dadurch gelingt es viel besser, den eigenen Standpunkt umfassend zu erläutern, wichtige Dokumente zur Verfügung zu stellen und eine laufende Übersicht über das Thema anzubieten. Die Vorteile liegen auf der Hand: Alle Dokumente zu einer Causa sind an einem Ort vorzufinden. Journalisten schätzen das und nutzen eine solche Plattform daher im Laufe eines Prozesses immer wieder. Während einer langen Rechtsauseinandersetzung vergehen oft Monate, in denen nichts Berichtenswertes geschieht. Wenn es dann wieder Neuigkeiten gibt, bietet man auf diese Weise den Interessierten eine Möglichkeit, sich schnell und umfassend zu informieren – nicht nur über die aktuellen Ereignisse, sondern auch über die vergangenen Entwicklungen.

Litigation-PR-Websites haben sich auch für den Workflow im Umgang mit Journalisten als pragmatisch erwiesen. Wenn man den Gerichtssaal verlässt, muss man angesichts der aktuellen Ereignisse oft die vorbereiteten Presse-Statements anpassen, aktualisieren und binnen Minuten neu zur Verfügung stellen – nicht nur im Push-, sondern auch im Pull-Verfahren. Idealerweise geschieht dies bereits während der laufenden Verhandlung. Die Praxis zeigt, dass die wichtigsten Bewertungen über einen Prozesstag in den ersten Minuten nach Öffnung der Saaltüren geformt werden. Die darf ein Litigation-PR-Profi nicht mit dem Handling von Papier verspielen, weil jetzt der Moment des Dialogs statt des Papiers ist!

4.3.2 Litigation-PR in den sozialen Medien

Litigation-PR-Websites sind eine digitale Verlängerung der klassischen Printkommunikation. Sie funktionieren im Grunde ähnlich wie eine Pressemappe – nur mit ungleich höherer Detailtiefe. Soziale Medien funktionieren anders. Sie verändern die Dynamik der Litigation-PR. Vor allem der Prozess um Amanda Knox hat hier Maßstäbe gesetzt. Die amerikanische Studentin soll im Jahr 2007 ihre Mitbewohnerin Meredith Kercher in Florenz unter fragwürdigen Umständen ermordet haben. Der Fall ist zu einem Musterbeispiel für Litigation-PR geworden, denn das Verbrechen an der britischen Studentin wurde nicht mehr allein im Gerichtssaal verhandelt, sondern in der größtmöglichen Öffentlichkeit. Kurz nach ihrer Verhaftung haben Knox' Eltern einen professionellen PR-Feldzug gestartet – mit Erfolg. Geschickt wurden Zweifel am italienischen Schuldspruch gesät und Amanda Knox zum Opfer der italienischen Justiz stilisiert. Seit 2011 ist die Studentin wieder auf freiem Fuß, obwohl der Rechtsstreit auf verschiedenen Instanzen weitergeführt wurde. Am 23. Januar 2019 sprach ihr der Europäische Gerichtshof für Menschenrechte in Straßburg eine Entschädigung in Höhe von 18.000 Euro zu – die einzelnen Prozessschritte kann man unter anderem auf Wikipedia nachlesen (o. J.-e).

Mit ihrer Litigation-PR-Kampagne hat die Knox-Familie hier alle Register gezogen, um die Reputation der Tochter zu retten, inklusive der sozialen Medien und der Vermarktung der Film- und Buchrechte. Die Schlacht um den Wikipedia-Artikel, in die sich sogar Wikipedia-Gründer Jimmy Wales einschaltete (Dickson 2011), zeigte allen Beteiligten, wie wichtig die Meinungshoheit in diesem Kanal inzwischen geworden war. Denn auch die Gegenseite machte in den sozialen Medien mobil. Freunde und Familie des Opfers Meredith Kercher haben eine eigene Litigation-PR-Website aufgesetzt (Perugia Murder File o. J.): Beweismittel, Gutachten, Auslegungen des italienischen Rechts, eine Count-Down-Uhr bis zum Prozess auf nächsthöherer Instanz – alles wurde fein säuberlich für das internationale Publikum auf Englisch aufgearbeitet. Über soziale Medien versuchten beide Parteien, die Berichterstattung weltweit zu beeinflussen.

In der Causa Knox zeigte sich Litigation-PR zum ersten Mal auf dem neuesten Stand der Technik (Sieber 2014b). Bis heute gilt diese Kampagne als Lehrbeispiel innovativer, umfassender und globaler Litigation-PR.

4.3.3 Live-Berichterstattung aus dem Gerichtssaal

Soziale Medien haben das Potenzial, die öffentliche Wahrnehmung von Gerichtsprozessen zu verändern. Der Öffentlichkeitsgrundsatz von Gerichtsprozessen gilt als hohes Rechtsgut. Ein Prozess muss demnach unmittelbar, mündlich und eben öffentlich stattfinden. Live-Berichterstattung ist dabei aber in der Regel unerwünscht. Sie störe den Ablauf im Gerichtssaal und beeinflusse möglicherweise sogar Zeugenaussagen bei der Einvernahme – so sehen es immer noch viele Richter in Deutschland. Medien haben in der Regel freien Zugang als Beobachter von Gerichtsprozessen. Medienpräsenz ist in deutschen Gerichten der Normalfall.

Aber ein Court-TV, wie man es beispielsweise aus dem angelsächsischen Raum kennt, ist in Deutschland praktisch ausgeschlossen. Eine ausdrückliche rechtliche Regelung des Öffentlichkeitsgrundsatzes findet sich in § 169 Gerichtsverfassungsgesetz (GVG). Einer Live-Berichterstattung durch audiovisuelle Medien sind hier enge Grenzen gesetzt. Fernseh-, Rundfunk-, Filmaufnahmen zum Zwecke der öffentlichen Vorführung oder Veröffentlichung ihres Inhalts sind verboten und können nur in äußerst engem Rahmen zugelassen werden. Die Vorstellungen über das Öffentlichkeitsprinzip beziehen sich im Wesentlichen auf die Raumöffentlichkeit des Gerichtssaals und orientieren sich vor allem am Printjournalismus.

Nun sind durch die sozialen Medien Instrumente entstanden, die eine Live-Berichterstattung durch die Hintertür möglich machen – etwa via Twitter oder Live-Blogs. Live-Tweets aus dem Gerichtssaal sind daher prinzipiell mögliche Kommunikationsinstrumente, mit denen ein Litigation-PR-Profi umgehen muss. Eine ganze Riege professioneller Gerichtsjournalisten nutzt diese Kanäle inzwischen. Dadurch entsteht eine neue öffentliche Wahrnehmung der Abläufe vor Gericht. Richterliche Zeugeneinvernahmen, gerichtliche Entscheidungsabläufe, prozessualer Anträge oder auch die markigen Plädoyers der Streitparteien – all das kann nun live, ungefiltert nach draußen kommen.

Für die Litigation-PR-Profis ist dies eine schwierige Situation: Subjektive Eindrücke und Wahrnehmungen der Journalisten können längst veröffentlicht sein, während man selbst noch als Prozessbeobachter im Saal sitzt. Das kann die Umsetzung der Kommunikationsstrategie mitunter erschweren. Das war bei vielen großen Verfahren zu beobachten. Für Litigation-PR-Experten gehört daher das Social-Media-Monitoring längst zum Standardinventar: Soziale Medien während eines Prozesstages professionell im Blick zu behalten, bietet die Chance, um im Zweifelsfall schnell auf journalistische Posts zu reagieren: Man kann die Journalisten direkt, noch im Gerichtssaal auf ihre Live-Berichterstattung ansprechen, zusätzliche Informationen anbieten und Fehleinschätzungen korrigieren – noch bevor die Nachricht wirklich „tickert".

Ganz so einfach ist die Sache mit der Live-Berichterstattung allerdings dann doch nicht. Anna Bernzen hat in ihrer Dissertation den rechtlichen Rahmen deutlich dargelegt:

> „Textberichte, die live aus der mündlichen Verhandlung gesendet werden, sind gesetzlich nicht verboten. […] In der Praxis verbieten die Vorsitzenden Richter der betroffenen Verfahren sie allerdings meist. Das dürfen sie prinzipiell auch, schließlich sind sie nach § 176 Abs. 1 GVG für die Aufrechterhaltung der Ordnung in der Sitzung zuständig. Gang und gäbe ist dies etwa am Bundesverfassungsgericht: Seine Akkreditierungsbedingungen legen fest, dass das ‚Twittern und sonstige Versenden von Nachrichten' im Sitzungssaal untersagt ist." (2020a)

Journalisten umgehen dies aber zunehmend auf kreative Weise: „Weil der Vorsitzende meist nur Veröffentlichungen im Sitzungssaal selbst verbietet, schreiben manche Journalisten ihre Posts dort vor und verlassen dann den Zuschauerraum, um vor dessen Tür auf ‚Veröffentlichen' zu klicken. Ein völlig legales Vorgehen übrigens" (Bernzen 2020b).

Die Justiz sieht diese Entwicklungen mit gemischten Gefühlen. Richter (und zwar gerade der Erstinstanzen) waren es bisher nicht gewohnt, dass eine Medienöffentlichkeit im Gerichtssaal live dabei ist. „Allzu gemütlich hatte man sich in den Spruchkörpern über Jahrzehnte, ja Jahrhunderte darauf eingestellt, dass der Richter sein Verfahren vor selten mehr als spärlich besetzten Zuhörerrängen nach seinem Gusto steuert", erklärt der Litigation-PR-Profi Thomas Klindt:

> „Unbekannt, dass er aus seinem Gerichtssaal trat und sich ‚draußen' schon eine schillernde Meinungskaskade aufgebaut haben könnte. Unbekannt auch für Zeugen und anwaltliche Zeugenbeistände, dass ihre gerade getätigte Aussage (oder gar Aussageverweigerung) ‚draußen' schon zu regen Diskussionen in der interessierten Fachöffentlichkeit geführt hatte." (2014a)

Soziale Medien verändern die Arbeit der Justiz und der Pressesprecher. Das betrifft nicht nur die PR-Kollegen, die Staatsanwaltschaft und die Gerichte, sondern auch die involvierten Unternehmen und deren Vorstände stellen sich längst auf diesen

Wandel ein. Litigation-PR-Experten und Corporate Communication-Abteilungen müssen bei laufenden Gerichtsverfahren inzwischen sofort kampagnenfähig sein.

Hashtags werden dabei zu einem immer wichtigeren Instrument, etwa wenn es um die Recherche zu laufenden Rechtsauseinandersetzungen in den Sozialen Medien geht. Wer sich zum Beispiel mit der juristischen Aufarbeitung des Dividenden-Strippings beschäftigt, findet unter dem Hashtag #CumEx eine Fülle an Beiträgen, die den Stand der öffentlichen Debatte dazu wiedergeben – und die so ganz nebenbei einen Überblick über die Journalisten liefern, die sich mit dem Thema beschäftigen.

Litigation-PR bedeutet in Zukunft aber auch, die Hashtag-Hoheit zu bestimmten Themen zu gewinnen. Das ist insbesondere bei der Live-Berichterstattung aus dem Gerichtssaal wichtig. Wer als Litigation-PR-Berater heute Mandanten im Gerichtssaal begleitet, muss eine Fülle von Aspekten gleichzeitig tun: den äußerst komplexen Prozesssachverhalten folgen, Journalistenfragen beantworten und offen auf die Kollegen zugehen. Er muss aber vor allem auch live monitoren, was die Kollegen vor Ort und in den Redaktionen dazu in den Sozialen Medien sagen. Das ist zwar nicht immer einfach, bietet aber erhebliche Chancen: Man sieht die Themenentwicklungen zum Prozessgeschehen rechtzeitig und kann in den sozialen Medien oder vor Ort direkt darauf eingehen. Social Media wird also in immer mehr Litigation-PR-Kampagnen eine Rolle spielen.

4.3.4 Social Media in Litigation-PR-Kampagnen

Der Einsatz von Social-Media nimmt auch in der aktiven und offensiven Litigation-PR zu. Längst werden auch Video-Statements zu aktuellen Litigation-PR-Themen auf allen möglichen Kanälen eingesetzt. Eine massive Nutzung von Video-Statements auf Facebook gab es beispielsweise in Joachim Wolbergs' Kampagne. Der ehemalige Oberbürgermeister Regensburgs war unter anderem wegen Vorwürfen der Vorteilsnahme ins Kreuzfeuer der Kritik geraten. Die **Regensburger Parteispendenaffäre** schlug bundesweit Wellen und wurde in zwei Prozessen am Landgericht Regensburg aufgearbeitet und Wolbergs kam mit Bewährungsstrafe quasi mit dem blauen Auge davon. Im Jahre 2020 wurde der mediale Druck gegen ihn allerdings so hoch, dass er mit klassischer Medienarbeit nicht mehr durchzudringen glaubte. In mehreren Videobotschaften versuchte Wolbergs an den klassischen Medien vorbei, seine Sicht auf den Rechtsstreit deutlich zu machen. Dabei beklagte er sich nicht nur über angeblich mangelhafte Kommunikationsarbeit der Justiz, sondern auch über die fehlerhafte Recherche der Medien (Wolbergs und Elsässer 2020)

Auch im **Bamberger Chefarztprozess** war Facebook eines der Instrumente, mit dem die Anwälte versuchten, dem Druck der Staatsanwaltschaft entgegenzutreten. Im März 2017 erhob die Staatsanwaltschaft Bamberg gegen einen früheren Chefarzt des Klinikums Bamberg Anklage wegen des Verdachts der Vergewaltigung. Es kam 2017 zu einem Urteil des Landgerichts Bamberg, das schließlich 2019 vom BGH wieder aufgehoben wurde. Sexuelle Nötigung gehört zu den Vorwürfen, die am schwierigsten in der Öffentlichkeit zu verteidigen sind. Daher entschloss sich das Anwaltsteam zu einer spektakulären Pressekonferenz, die im Rahmen einer Medienkooperation auf der Website eines Regionalsenders live gestreamt und über Facebook verbreitet wurde. Im Zentrum dieses Medienauftritts stand ein Antrag auf Haftentlassung – dem dann kurz darauf stattgegeben wurde.

Diese Praxisbeispiele zeigen, wie die Sozialen Medien inzwischen in der Litigation-PR eingesetzt werden und dass sie ein wichtiger Bestandteil einer Litigation-PR-Kampagne sein können. Daher ist es unerlässlich, dass diese Kanäle auch bei der Analyse und beim Aufsetzen eines Monitorings berücksichtigt werden. Das kontinuierliche Sammeln von Kommentaren und Meinungen aus der Öffentlichkeit sind eine Grundvoraussetzung, um daraus ein Bild der öffentlichen Meinung abzuleiten und später auf diese Quellen zurückgreifen zu können. Klassischerweise beginnt das mit einer Medienanalyse. Je nach Fall sollte aber intensiv geprüft werden, ob das Thema in den Sozialen Medien bereits präsent ist. Falls dort noch Ruhe herrscht, gehört zur Entwicklung von Litigation-PR-Szenarien heute definitiv auch die Frage, an welcher Stelle im Influencer-Netzwerk das Thema auftauchen könnte – beziehungsweise wie und wann es von dort seinen Weg in andere Communitys beziehungsweise in die Medien finden könnte.

Sollte das Thema doch akut werden, ist ein schnelles Handeln notwendig. Dann gilt es, schnell die Öffentlichkeiten zu mobilisieren, das eigene Narrativ zu verwurzeln und Zweifel gegenüber der gegnerischen Haltung zu säen. Dem Mandanten ist vor allem dann geholfen, wenn er mit seiner Perspektive und seinen Argumenten Gehör findet. Zu dem Zweck müssen Agenda-Setting beziehungsweise Seeding-Taktiken vorbereitet werden. Dazu kann unter anderem auch der Aufbau von Litigation-PR-Websites, Themen-Landing-Pages sowie der Aufbau und das Führen eigener Social-Media-Kanäle gehören. Das geht nicht über Nacht und sollte langfristig vorbereitet und umgesetzt werden, damit man auch wirklich wirksam die einzelnen Facetten des Falles einbringen kann, um so die eigene Position zu stärken.

4.4   Visuelle Litigation-PR

Den 17. Juli 2021 wird Armin Laschet sicher nicht so schnell vergessen: Das Land
Nordrhein-Westfalen, dessen Regierungschef er zu dem Zeitpunkt war, wurde gerade schwer von einer Überschwemmungskatastrophe getroffen. Daher reiste der
damalige Ministerpräsident und Kanzlerkandidat in die betroffene Region, um den
Menschen Mut zuzusprechen und Soforthilfen anzukündigen. Eigentlich ist das
eine Chance auf Punkte im Wahlkampf. Laschet weiß das. Fast zwanzig Jahre
zuvor im August 2002 hatte Kanzlerkandidat Schröder beim Besuch im hoch-
wassergeschüttelten Oder-Bruch durch sein energisches Eingreifen in Gummi-
stiefeln die Medien auf seine Seite gebracht, die Umfragezahlen gerade noch rechtzeitig aus dem Keller geholt – und dann die Wahl gewonnen. Doch dieses Mal geht
das Manöver schief. Während Bundespräsident Frank-Walter Steinmeier, der ebenfalls vor Ort ist, sein Mitgefühl mit den geschundenen Opfern in die laufenden
Kameras spricht, kann man den Kanzlerkandidaten im Hintergrund dabei beobachten, wie er sich lachend und offensichtlich blendend mit anderen Zuschauern
unterhält (siehe Abb. 4.1).

Abb. 4.1 Kanzlerkandidat Armin Laschet während einer Rede des Bundespräsidenten
Steinmeier (Marius Becker, dpa)

Die Bilder lösen bundesweit herbe Kritik aus: „Wie Armin Laschet im Hinter-grund rumalbert, während der Bundespräsident zu den Opfern spricht, ist ohne Anstand und empörend", sagte SPD-Generalsekretär Lars Klingbeil der *Bild am Sonntag*. In Krisenzeiten zeige sich der Charakter, heißt es in den Medien. Wer ohne Gespür in solch schwierigen Situationen herumfeixt, der disqualifiziere sich selbst. Auf Twitter trendet der Hashtag #Laschetlacht. Laschet entschuldigt sich umgehend, aber das hilft nicht mehr. Die Umfrageergebnisse sind im freien Fall, wie Abb. 4.2 deutlich macht. Die Bilder vom lachenden Laschet bringen die Trend-wende – nach unten.

Nun wäre es zu einfach, das Scheitern in der Bundestagswahl allein darauf zurückzuführen. Sicher ist aber: Die Medienbilder haben einen starken Einfluss auf das Meinungsklima. Wie eine nervöse Fieberkurve zeigen die Umfrageergebnisse die jeweils aktuelle Stimmungslage. Bilder beeinflussen die Wahrnehmung – und sie können einen stärkeren Effekt als komplexe Erklärung und Argumentations-ketten haben.

Auch in der Litigation erkennt man diese Entwicklung: Der Kampf um die Deutungshoheit von komplexen Rechtsfällen wird immer stärker durch Bilder be-stimmt. Das Bild des Deutsche-Bank-Chefs Josef Ackermann mit dem Victory-Zeichen hat längst ikonischen Status erreicht. Auch das hätte sich an jenem denk-würdigen Prozesstag am 21. Januar 2004 im Düsseldorfer Landgericht kaum

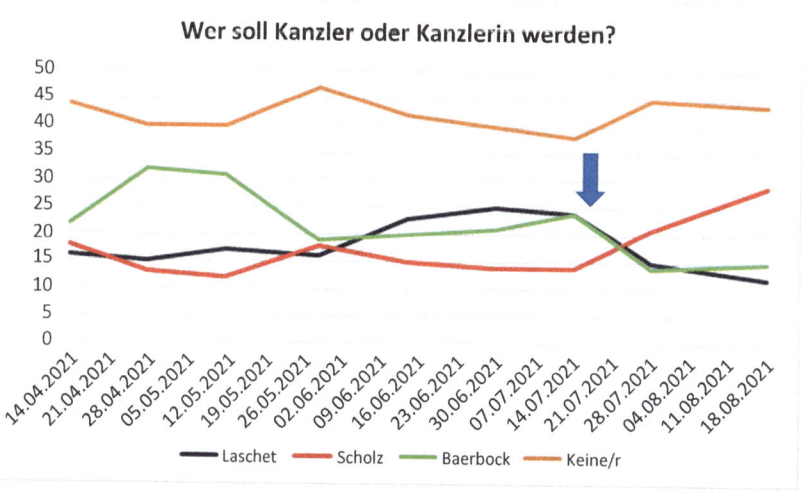

Abb. 4.2 Wer soll Kanzler oder Kanzlerin werden? (Honig 2021, Pfeil vom Autor ergänzt)

jemand vorstellen können. Ackermann ist zusammen mit anderen Spitzenmanagern wegen Veruntreuung in schweren Fällen angeklagt, weil er dem Mannesmann-Management im Zusammenhang mit der Übernahme von Mannesmann durch Vodafone Millionenabfindungen gewährte. In siegesgewisser Pose zeigt er unmittelbar vor Beginn des Prozesses die Finger zum symbolischen V geformt (siehe Abb. 4.3). Der *Stern* titelt daraufhin, dass Ackermann somit der Repräsentant der „Arroganz der Mächtigen" sei. Der SPD-Generalsekretär Franz Müntefering spricht von einer „Verhöhnung der arbeitenden Menschen in Deutschland". Ein Kommunikations-GAU für die Deutsche Bank. Das Bild blieb Jahrzehnte lang haften – obwohl Ackermann schließlich freigesprochen wurde.

Aus dem Victory-Vorfall haben Kommunikatoren und Anwälte gelernt, denn kein Vorstand oder Firmenchef reist mehr ohne Vorbereitung zum ersten Prozesstag. Alles kann dabei von den Medien zum Zeichen stilisiert werden. Der ehemalige Audi-CEO Rupert Stadler muss sich im Oktober 2020 im Münchner Prozess um manipulierte Dieselfahrzeuge erstmals dem Gericht und der Öffentlichkeit stellen. Stadler selbst hält sich auffallend zurück. Die Statements kommen von der

Abb. 4.3 Josef Ackermann (Oliver Berg/DPA)

Litigation-PR-Expertin, die durch die Menge der wartenden Journalisten pflügt. Der Ex-CEO zeigt sich unauffällig, gelassen und bietet wenig Angriffsfläche. In der Berichterstattung über die Prozesseröffnung wird daher jedes Detail aufgegriffen: Ausgiebig wird über seine angeblich „gelassene Mimik" geschrieben, sein Kleidungsstil („mondän", „stilsicher") wird genauso interpretiert wie die Beobachtung, dass er angeblich abgenommen habe („die Vorbereitung auf den Prozess ging nicht spurlos an ihm vorbei"). Einen Kritikpunkt gibt es doch: Stadler fährt am Beginn des ersten Prozesstages mit dem Mercedes seines Anwalts vor. Ob das wohl eine Kritik an Stadlers ehemaligem Arbeitgeber Audi sein könnte, fragt ein Journalist. Nun ja.

Während Stadler also keine Bilder liefert, werden im Prozess selbst die visuellen Zeichen immer wichtiger. Der moderne Gerichtssaal im Oberlandesgericht ist multimedial ausgestattet. Die Angeklagten nutzen daher für ihre Einlassungen professionell gestaltete Power-Point-Präsentationen. Die anwesenden Journalisten sind dankbar dafür. Auf lange Sicht bleiben diese die anschaulichsten und verständlichsten Beweismittel in diesem staubtrockenen, sehr technischen Monsterprozess.

Dass Anwälte die Kraft von Bildern einsetzen, ist keine Ausnahme mehr. Anwälte ziehen Schlüsselstellen aus Beweisdokumenten gern auf die Größe eines DIN A-0-Plakats und zeigen sie im Saal herum. So wird im Münchner Hypo-Alpe-Adria-Prozess ein als Beweismittel zugelassener Auszug aus der Kundenliste der Bank hochgehalten – bei dem jedoch 80 Prozent der Seite geschwärzt sind. Das ist eigentlich selbstverständlich, schließlich sind Kundendaten vertraulich. Als grundlegende Botschaft bleibt aber bei den Medien hängen: Das ist kein von der Bank geliefertes Beweismittel, sondern ein Verschleierungsversuch.

Journalisten achten auf alles im Gerichtssaal: auf die Mimik und Gestik der Beschuldigten, Zeugen, Anwälte, Staatsanwälte. Das Lachen im falschen Moment kann genauso zum Gegenstand der Berichterstattung werden wie das souveräne oder gehemmte Auftreten während einzelner Wortmeldungen. Psychologie spielt gerade im Strafrechtsprozess eine große Rolle und dazu gehört auch die Kontrolle über die Bilder. Sie ist zu einer Kernaufgabe der Litigation-PR im Gerichtssaal geworden.

4.5 Public Affairs und Stakeholder-Dialog

Von der Politik sagt man, dass viele wichtige Prozesse der Meinungs- und Willensbildung nicht im Lichte der dafür vorgesehenen Gremien und Parlamente stattfänden. Stattdessen ist eine Vorstellung einer Scheinherrschaft der Lobbyisten

weitverbreitet: sinistre Personen, die bezahlte Botschaften der Unternehmen in die
legislativen Projekte hineinschmuggeln wollen.

Das ist ein Zerrbild der Realität, denn in der Tat suchen alle möglichen
Interessengruppen den Dialog mit „der Politik". Genau genommen ist das auch
wichtig und gut so. Die Vertreter des Staates müssen mit den Interessenvertretern
aus Wirtschaft und Gesellschaft in einem engen Austausch stehen, um zu prüfen,
ob das Regierungshandeln in Legislative und Exekutive tatsächlich praktikabel und
ökonomisch sinnvoll ist, denn oft genug ist es das nicht. Die Klagen über praxis-
ferne, dysfunktionale und lähmende Verordnungen sind lang. Der Transfer von
Wissen und Know-how aus der Wirtschaft ist daher gerade im Vorfeld von Gesetz-
gebungsprozessen absolut notwendig. Gott bewahre uns vor den Gesetzen, die
Bürokraten allein aufgrund ihrer subjektiven Wahrnehmung und politischen Einschätzung erlassen.

Die Frage dabei ist weniger, ob ein solcher Austausch stattfindet, sondern wie er
organisiert wird. Unbestritten ist der Einfluss von Lobbyisten hoch, manchmal zu
hoch, und hier gab es in der Vergangenheit durchaus Fehlentwicklungen. Der Staat
versucht zu Recht, bestimmte Regeln einzuführen, etwa durch ein Lobbyregister,
durch das die Tätigkeit von Interessenvertretern, mit denen Exekutive oder Legislative beeinflusst, erfasst und kontrolliert werden können. Dadurch soll der Dialog
von politischen Entscheidungsträgern und Interessenvertretern offen und transparent erfolgen.

Die Disziplin, die sich mit diesem Dialog befasst, wird Public Affairs genannt.
Darunter versteht man heute die strategische, kommunikative Einflussnahme auf
politische Entscheidungsprozesse. In der Regel geschieht dies durch Organisationen an der Schnittstelle zwischen Politik, Wirtschaft und Gesellschaft. Public Affairs wird von verschiedenen Organisationen wie Unternehmen und Verbänden
ausgeübt, aber auch als Dienstleistung von Public-Affairs-Beratungen. Hochspezialisierte Public-Affairs-Experten organisieren heute diese Kommunikation
von Organisationen (z. B. Unternehmen, Verbänden und NGOs) mit Gruppen im
(vor-)politischen Raum. Sie analysieren die Interessenlagen in den verschiedenen
gesellschaftlichen Einflussgruppen, entwickeln maßgeschneiderte Strategien und
organisieren die politischen Beziehungen einer Organisation.

Auch in der Krisen- und Litigation-PR setzt man immer häufiger auf Public-
Affairs-Instrumente. Dabei geht es weniger darum, die Gesetzgebung zu beeinflussen, sondern vielmehr darum, dass man die „Lobby" als kommunikativen
Raum um Meinungen und Stimmungen bei bestimmten Meinungsführern beeinflusst. Das ist nicht zuletzt auch deswegen sinnvoll, weil „die Politik" eine Reihe
von Möglichkeiten besitzt, Debatten zu eskalieren oder eben auch zu ent-
schleunigen. Angesichts der Formen, die öffentliche Debatten über Wirtschafts-

skandale, Werksschließungen oder Insolvenzen inzwischen annehmen, wäre es auch fahrlässig, den weiteren Kreis der (vor-)politischen Arena nicht einzubeziehen. Das Gespräch mit den Institutionen gehört inzwischen zu den wichtigen Säulen einer leistungsfähigen Krisen- und Litigation-PR.

Mit wem hat man es aber hier zu tun und wie agiert man am besten in dieser Arena? Die Zielgruppe der Public Affairs ist äußerst heterogen. Dazu gehören unter anderem

- die parlamentarischen Institutionen und ihre Repräsentanten, also etwa
  - die Mitglieder des Bundes- und Landtages,
  - die Fraktionen und Parteien,
  - die Ausschüsse, ihre Sprecher und Berichterstatter;
- die Ministerien auf Bundes- und Landesebene inklusive der zuständigen Referenten, Referatsleiter sowie die nachgelagerten Behörden;
- die Repräsentanten der regionalen und kommunalen Verwaltung, also die
  - Bezirksregierungen,
  - Bürgermeister und Landräte,
  - kommunalen Ämter (Landratsamt, Arbeitsamt etc.),
  - Abgeordnetenbüros der lokalen MdBs und MdLs;
- Verbände, NGOs und wissenschaftliche Einrichtungen.

Diese Liste ist keinesfalls vollständig, zumal hier die europäischen Institutionen noch gänzlich fehlen. Das Praxis der Public-Affairs-Arbeit, ist inzwischen vielfältig beschrieben worden (Röttger et al. 2021) und kann hier nur in einem kurzen Querschnitt dargestellt werden, insofern dies für Litigation-PR-Kampagnen wichtig und werthaltig ist.

4.5.1 Instrumente der Public Affairs

Die Herangehensweise der Public Affairs an diese Repräsentanten der politischen Macht ist ganz ähnlich wie in den Public Relations. Etablierte Netzwerke sind von Vorteil, persönliche Gespräche und sauber vorbereitete Materialien helfen nicht nur bei der Gesprächsvorbereitung, sondern unterstützen auch die Meinungsbildung. Kampagnenformate aller Art können auch im (vor-)politischen Raum eingesetzt werden. Allerdings ist die Motivationslage in der Politik eine gänzlich andere als in den Medien. Nichts könnte daher falscher sein, als die Power-Point-Präsentationen und Pressemitteilungen, die man für das Pressegespräch vorbereitet hat, auch in das Gespräch mit einem Ministerialbeamten mitzubringen. Denn damit macht man in der Regel die immer ähnlich frustrierende Erfahrung: Man führt interessante und manchmal durchaus wohlwollende Gespräche – aber es passiert gar nichts hinterher.

Der Grund liegt in der Zielsetzung der Kommunikation, in der Aufarbeitung der Argumentation und oft schlicht am Timing. Während man sich in den Medien für den nächsten Scoop interessiert, dreht sich in der Politik alles um die Wiederwahl. Beim einen geht es um News-Wert, beim anderen um politische Akzeptanz. Daher löst die Präsentation für das Pressehintergrundgespräch in einem Ministerium bestenfalls höfliches Interesse aus. Oft sehen politische Gesprächspartner darin weder einen relevanten Handlungsbedarf noch – was noch schlimmer ist – eine für sie gangbare und relevante Handlungsoption. Will man diese überaus unterschiedlichen Interessen adressieren, benötigt man oft völlig andere Argumentationen, Informationsketten und Gesprächstaktiken. Daher sollte vor jedem politischen Termin, im Einzelgespräch oder bei einer Anhörung, stets eine präzise Vorbereitung der jeweiligen politischen Interessen und Stakeholder stehen.

4.5.2   Das Spiel mit den Medien über Bande

Es war schon umfassend in diesem Kapitel die Rede von Litigation-PR als Dialog mit den Medien. Natürlich gibt es viele Möglichkeiten, wie man seine Botschaften den Journalisten zur Verfügung stellen kann. Das direkte Gespräch mit Journalisten ist das Alltagsgeschäft der Litigation-PR. Aber es hat auch einen parteiischen Beigeschmack, wenn man etwa als Vertreter eines Beklagten bei einem Medium anruft. Viel eleganter ist es jedoch, wenn es einem gelingt, eine dritte Partei zum Lancieren eines bestimmten Dokuments, einer Studie oder eines Beweismittels in den Medien zu motivieren. Ein möglicher Weg läuft über die Oppositionsparteien und deren Fraktionen in den jeweiligen parlamentarischen Organen – also etwa im Bundes- oder Landtag.

Häufig berührt die Streitsache in einem Zivilprozess oder eine aufkommende Krise durchaus die Interessen der handelnden Personen in Bund, Länder oder Kommunen. Wenn ein solches Problem eskaliert, wird es dann häufig auch zum Problem der jeweiligen Mehrheitsfraktionen. Werksschließungen in einer strukturschwachen Region, die Insolvenz eines wichtigen Luftverkehrskonzerns, die Einmischung des Landes in eine Landeszentralbank, Skandale, die durch eine fehlerhafte Regulierung erst möglich wurden – all das kann zu einer Bürde der verantwortlichen Politiker werden, wenn es zur Krise und zum Rechtsstreit kommt.

In dem Fall findet man oft in den Oppositionsparteien natürliche Verbündete, denn sie suchen nicht nur ständig nach Themen, mit denen sie die Regierungsparteien attackieren können, sondern sind auch gern bereit, brisante Papiere zu eskalieren – indem sie diese im Rahmen einer parlamentarischen Anfrage nutzen oder – noch besser – indem sie diese direkt an die Medien weitergeben. Es kann äußerst nützlich für eine Litigation-PR-Kampagne sein, wenn man Kernaussagen, die man im Gespräch mit einem Fraktionsführer der Opposition platziert hat, zwei Tage später ohne weiteres Zutun in den Tageszeitungen vorfindet.

Solche taktischen Schachzüge gehören inzwischen in das Instrumentarium eines Litigation-PR-Experten. Allerdings ist auch hier Vorsicht geboten: In der politischen Arena gelten andere Spielregeln und Opportunitäten. Das Spiel über die politischen Bande sollte wohlüberlegt sein, ein politisches Hintergrundgespräch also gut vorbereitet werden. In der Regel gibt es bei den Gesprächspartnern andere Interessenlagen als bei den Medien, sodass man ihnen maßgeschneiderte Gesprächsangebote unterbreiten muss, die die jeweiligen Wählerinteressen berücksichtigen und den politischen Akteuren eine konkrete Handlungsoption aufzeigen. Man kann durchaus versuchen, etwa die Grüne Opposition in einem Parlament oder Gremium für die eigenen Interessen zu gewinnen. Die gemeinsamen Interessen ergeben sich aber nicht nur aus einer gemeinsamen Gegnerschaft. Wenn die Fraktion der Grünen eine Chance sieht, die Regierungspartei beispielsweise in Hinblick auf die Verwicklung in einen Wirtschaftsskandal anzugreifen, wird sie dies möglicherweise tun. Das heißt aber keinesfalls, dass Grüne Politiker dadurch die Interessen unserer Mandanten teilen, gutheißen oder gar unterstützen wollen.

In so einem Fall muss man sich gut überlegen, welches Wissen man mit den jeweiligen Mandatsträgern teilt – sie sind nicht unbedingt Freunde. Überhaupt lohnt sich das Spiel über die Bande der Politik kaum, wenn man nur auf einen kurzfristigen taktischen Erfolg aus ist. Stattdessen sollte der Aufbau langfristiger Kontakte und Zielsetzungen im Vordergrund stehen. Wenn man nur auf einen neutral platzierten Medienbericht schielt, lohnt sich der Aufwand meist nicht – und birgt Gefahren: Die betroffenen politischen Kräfte wissen in der Regel genau, aus welcher Richtung der Angriff kam, und verfügen über unangenehme Mittel, sich zu wehren. Public-Affairs-Maßnahmen sollten daher stets auf der Grundlage einer genauen Stakeholder-Analyse stattfinden und ein langfristiges politisches Ziel verfolgen.

4.5.3 Werksschließung und Insolvenzen

Die Rolle der Public Affairs wird oft unterschätzt, denn Bürgermeister, Landräte, Gewerkschaften, Fraktionen oder Behörden verfügen über viele Möglichkeiten, einen öffentlichen Konflikt anzuheizen oder zu deeskalieren. Gerade die Verwaltungsapparate können kommunikative Eigendynamiken entwickeln, die man als Kommunikator niemals unterschätzen sollte. Die Verwaltung kann ein zäher und veritabler Gegner sein, dem viele Möglichkeiten zur Verfügung stehen, um sich zur Wehr zu setzen. Verwaltungen sind dabei nicht auf die Wege des Gerichts oder der Öffentlichkeit angewiesen, da man als Unternehmer und Unternehmen das Wohlwollen einer Verwaltung an vielen Stellen braucht. Die Freude über einen kritischen Medienbericht beispielsweise über die Stadtverwaltung des Ortes, wo eine Firma ansässig ist, kann von kurzer Dauer sein. Das Imperium kann an durchaus schmerzhaften Stellen zurückschlagen: kurzfristig anberaumte Sonderprüfungen, wenn bei Planfeststellungsverfahren plötzlich unüberwindbare rechtliche Hürden auftauchen, wenn Sicherheitsüberprüfungen anberaumt und Genehmigungen entzogen werden, oder wenn Umweltschutzauflagen plötzlich buchstabengetreu umgesetzt werden müssen.

Trotzdem kann sich das Engagement lohnen. Wenn ein größeres Unternehmen etwa einen Standort schließen muss, so ist es eben nicht mit ein bisschen „Spin-Doctoring" in den Medien getan. Eine große Zahl arbeitsloser Wähler kann kein Politiker in seinem Amtsbereich oder Wahlkreis gebrauchen. Hier ist ein Unternehmen in der Verantwortung. Das Mindeste, was man tun muss, ist, die entsprechenden Institutionen rechtzeitig mit ins Boot zu holen, damit diese am Tag der Entscheidung nicht kalt und unvorbereitet davon erwischt werden. Denn allein das kann schon einen erheblichen politischen Flurschaden anrichten. Wer in so einem Fall nicht rechtzeitig vorab mit dem Bürgermeister und Landrat spricht, macht sich diese Institutionen fast schon automatisch zum Gegner. Hier kann es sinnvoll sein, rechtzeitig mit der Verwaltung und den Arbeitsämtern über Linderung sozialer Härten zu reden, über Nachnutzung der Gewerbeimmobilien etc. Wenn sich hier ein Unternehmen lösungsorientiert zeigt, öffnet sich manche Tür und bleibt manches Ohr gegenüber lautstarken gewerkschaftlichen Forderungen verschlossen.

Das Gleiche gilt auch für die zuständigen Ministerien: Ein Wirtschaftsminister kann äußerst ungehalten und unprofessionell reagieren, wenn er von einer Werksschließung oder Insolvenz durch die Medien erfährt. Umgekehrt haben Ministerien ein natürliches Interesse daran, Debatten über kritische Themen kleinzuhalten, sie können Empfehlungen an die Kommunen abgeben und Türen zu kommunalen Entscheidern öffnen, sie können Mittel aus Strukturfonds zur Verfügung stellen oder sich durch eine erfolgreiche Industrieansiedlung auf den freiwerdenden Flächen profilieren.

Dazu ist aber ein langer Abstimmungsvorlauf unabdingbar. Die Mühlen in der Politik mahlen langsam, daher benötigt man hier andere Vorlaufzeiten, um bestimmte Meinungsbildungen einzuleiten und Prozesse einzufädeln. Der Redakteur braucht nur wenige Minuten, um eine News onlinezubringen. In der Politik spricht man oft von Wochen, manchmal Monaten und Jahren an Vorbereitungszeit.

Oft reicht die Zeit nicht, um solche umfassenden politischen Lösungen zu entwickeln, was auch mit rechtlichen Anforderungen zusammenhängt: Ein Geschäftsführer oder CEO muss unmittelbar, nachdem er Kenntnis davon erlangt, dass eine Werksschließung oder Insolvenz unvermeidbar ist, entsprechend handeln und kommunizieren. Wenn er bereits ein halbes Jahr vor einer anstehenden Entscheidung mit Ministerien darüber redet, kommt er leicht in rechtliche Schwierigkeiten: Insolvenzverschleppung ist ein Straftatbestand. Hier ist erhebliches Fingerspitzengefühl gefragt. Das Minimalziel muss aber sein, dass die zuständigen Minister für den Verkündungstag ein entsprechendes Statement vorbereiten konnten und dass man mit den Kommunen zumindest abgestimmt kommuniziert – idealerweise sogar gemeinsam. Das kann auch manchen Gang vor das Arbeits- oder Verwaltungsgericht vermeiden.

Anwendungsfelder der Litigation-PR in der Praxis

5

Zusammenfassung

Wie vielfältig die Arbeit eines Litigation-PR-Experten sein kann, zeigt sich deutlich an den äußerst unterschiedlichen Anwendungsbeispielen, die in diesem Kapitel vorgestellt werden. Die klassischen Vorgehensweisen der Litigation-PR sind an das Muster des Strafprozesses angelehnt, die Realität ist aber deutlich vielfältiger. Im vorliegenden Kapitel wird zunächst auf die typischen Problemfelder der Wirtschaftskommunikation eingegangen: Wirtschaftskriminalität und zivilprozessuale Auseinandersetzungen von Großunternehmen. Anhand von zahlreichen Praxisbeispielen werden unterschiedliche Vorgehensweisen vorgestellt, etwa bei steuerstrafrechtlichen Fällen, Managerhaftungsfällen, Produktrückrufen und der Insolvenzkommunikation. Es werden einige Sonderfälle vorgestellt, etwa zur möglichen Integration presserechtlicher Instrumente in eine Litigation-PR-Kampagne oder beim Vorgehen im Falle einer Hausdurchsuchung. Schließlich wird ein Blick auf die zunehmende Internationalisierung der Rechtsauseinandersetzungen und damit der Litigation-PR-Arbeit gerichtet.

5.1   Rechtsstreit in der Wirtschaft

5.1.1   Wirtschaftskriminalität

„Nach der spektakulären Verurteilung von Thomas Middelhoff", so schrieb Hans Zippert in der Tageszeitung *Die Welt*,

„empfehlen Juristen, grundsätzlich alle Manager, Aufsichtsrats- und Vorstandsvor-
sitzende so schnell wie möglich hinter Gitter zu bringen, weil sie irgendwann sowieso
dort landen. Es wäre für alle Beteiligten sehr viel unkomplizierter und für den Steuer-
zahler billiger, wenn ein Manager gleich nach seiner Einstellung zunächst einmal in
eine JVA in der Nähe seiner Arbeitsstelle kommt." (2014)

Die Journalisten dieser Tageszeitung gelten normalerweise nicht als besonders
wirtschaftskritisch. Was Hans Zippert in dieser Glosse satirisch auf die Spitze
treibt, bringt aber zum Ausdruck, was viele in den Medien denken: Um die
Gesetzestreue in der Wirtschaft ist es nicht besonders gut bestellt.

Eine Reihe spektakulärer Wirtschaftsskandale scheint das zu bestätigen. Im Zusammenhang mit den Betrugsvorwürfen gegen FlowTex oder Jürgen Schneider,
dem Mannesmann-Prozess, der VW-Korruptionsaffäre, dem Abgasskandal oder
dem spektakulären Wirecard-Betrug standen (oder stehen) eine lange Reihe von
Topmanagern vor Gericht. Nach einer Studie der Hochschule Luzern (siehe
Abb. 5.1) steigen die Zahlen von Betrugs- und Untreuedelikten über die vergangenen zehn Jahre hinweg kontinuierlich an. Gibt es also tatsächlich ein Problem mit der Wirtschaftskriminalität?

Die Realität ist komplexer: Experten im Wirtschaftsrecht sind heute mit ganz
anderen Herausforderungen konfrontiert als noch vor 20 Jahren. Die Gesetzeslage
ist im Hinblick auf viele Fragestellungen des Wirtschaftsrechts präzisiert worden.
Es gibt heute eine deutlich höhere Komplexität der Rechtsdurchdringung. Vor
allem hat sich aber das Regime der Rechtsdurchsetzung verändert – man denke nur
an die drastische Verschärfung der Compliance-Anforderungen. Angetrieben von
den Empfehlungen des Deutschen Corporate Governance Kodex sowie den Ent-

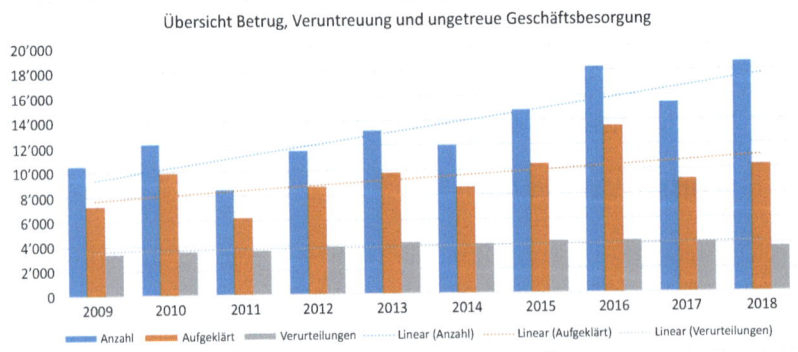

Abb. 5.1 Polizeilich registrierte Wirtschaftsstraftaten in der Schweiz (Brunner et al. 2019)

wicklungen auf dem Finanz- und Versicherungsmarkt ist ein System der Compliance entstanden, das Unternehmen nicht nur zu einer strengeren Verfolgung konkreter Verstöße verpflichtet, sondern auch zur gezielten Risikoprävention. Wenn Manager heute kein effektives Compliance-Management-System aufbauen und betreiben, stehen sie im Zweifelsfall in der Haftung. Allein dadurch kommen jedes Jahr viele große und kleine Delikte ans Licht, die zuvor niemand gesehen oder die man großzügig unter den Teppich gekehrt hätte. Man schaut heute einfach genauer hin, weil man muss – und das ist eine durchaus positive Entwicklung.

Wirtschaftsstrafrecht spielte in den ersten Jahrzehnten der Bonner Republik nur eine Nebenrolle. Erst seit Anfang der 1990er-Jahre beginnt die steile Karriere des Begriffes. Technisch gesehen geht es dabei um alle Strafvorschriften, die im Bereich der Wirtschaft liegende Tatbestände unter Strafe stellen. Dazu zählt man heute vor allem

- Betrug,
- Korruption und
- Untreue.

Wie wir später noch sehen werden, gehören aber auch noch zahlreiche andere Delikte zum Oberbegriff der Wirtschaftskriminalität.

Die ständig steigende Komplexität und Dynamik wirtschaftlicher Entwicklungen stellt für die Justiz eine erhebliche Herausforderung dar. Technische Innovationen führen zu immer neuen Geschäftsmodellen, die technologische Durchdringung vieler Lebensbereich schafft immer intransparentere Anwendungsfelder: Noch vor gut einem Jahrzehnt war es kaum vorstellbar, wie anspruchsvoll sich heute die forensische Durchdringung von Fällen wie Cum-ex oder Dieselgate erweist.

Justiz und Öffentlichkeit halten bei dieser Entwicklung nur mühsam Schritt – und das ist nicht nur eine Frage des technischen Know-hows. Seit Jahren beklagt der Deutsche Richterbund (DRB) vor allem eins: Richter und Staatsanwälte kämen mit der Arbeit einfach nicht mehr hinterher. Zu viele Verfahren, zu wenig Stellen, die Justiz sei massiv überlastet. Es fehlten bis zu 2000 Stellen (DRB 2018).

Das ist nicht verwunderlich, denn der juristische Topnachwuchs wird von internationalen Kanzleien kontinuierlich abgefischt. Hier winken Einstiegsgehälter, die Juristen im Staatsdienst selbst in den obersten Besoldungsklassen kaum erreichen können. Richter und Staatsanwälte stehen daher den immer komplexer werdenden Wirtschaftsprozessen oft hilflos gegenüber – es mangelt an Geld, an Fachwissen und an einem modernen Rechtssystem.

Zumindest bei den Staatsanwaltschaften hat man nachgerüstet. Für die Bekämpfung von Wirtschaftskriminalität wurden in einigen Bundesländern spezielle Schwerpunktstaatsanwaltschaften mit Fokus auf Wirtschaftskriminalität eingerichtet, so etwa in München, Stuttgart oder Köln. Gern lassen sich die Staatsanwälte hier als Managerjäger porträtieren, wie Hans Richter in Stuttgart („der Albtraum deutscher Top-Manager", *Handelsblatt*) oder Hildegard Bäumler-Hösl in München („sie brachte schon manchen Manager zu Fall", *manager magazin*). Und tatsächlich hat die Ermittlungsarbeit in Sachen Wirtschaftskriminalität Fortschritte gemacht: In den großen Fällen wie etwa bei der Aufklärung der Cum-ex-Fälle arbeiten etwa in Köln zahlreiche Staatsanwälte parallel.

Gleichwohl gilt die Strafrechtspraxis in Deutschland nicht bei allen als zeitgemäß. Strafrechtsanwälte klagen häufig über die Aporien eines „mittelalterlichen Prozessrechts", das vor allem im internationalen Vergleich nicht Schritt halten könne (Sieber 2021a). Auch die ausschließliche Suche nach der individuellen Schuld von Managern erscheint angesichts des kollusiven Handlungsdrucks, dem vor allem Teile des mittleren Managements ausgesetzt sind, als eher lebensfremd.

Ein Unternehmensstrafrecht wie in anderen europäischen Ländern existiert in Deutschland derzeit nicht. Unser Strafrecht lässt nur die Bestrafung natürlicher, nicht aber der juristischen Personen zu, für die sie tätig sind. Der Grund dafür ist, dass juristische Personen nach der bestehenden Strafrechtsdogmatik handlungs- und schuldunfähig, somit also nicht straffähig sind. Seit Jahrzehnten wird diskutiert, ob der Gesetzgeber eine Gesetzesgrundlage für die Bestrafung juristischer Personen für das Verhalten ihrer Vertreter und Mitarbeiter schaffen sollte. Entsprechende Gesetzesvorlagen liegen dem Justizministerium bereits vor. Es bleibt abzuwarten, ob davon in den kommenden Jahren Gebrauch gemacht wird.

An welchem Punkt aber kommt Litigation-PR ins Spiel? Im Abschn. 3.2 wurde bereits umfassend über taktische Vorgehensweisen während der verschiedenen Prozessphasen gesprochen, insbesondere auch während des Ermittlungsverfahrens. An dieser Stelle sollen noch einige weitere Aspekte aus der Praxis ergänzt werden. Ein großes Trauma für betroffene Manager stellt hier die **Untersuchungshaft** dar. Die Angst vor den klickenden Handschellen sitzt tief, wenn man von den Vollzugsbeamten jäh aus seinem Leben und von seiner Familie gerissen wird – gern auch vor laufenden Kameras. Die U-Haft ist ein Instrument, das von Staatsanwaltschaften leider bereitwillig eingesetzt wird, um Manager weichzukochen. Untersuchungshaft schafft Rechtskraft – ein Motto, dass unter Strafrechtsanwälten wohlbekannt ist. In einem solchen Fall sitzen Vorstände dann Monate oder Jahre zusammen mit Totschlägern, Drogendealern und Vergewaltigern ein – ohne dass eine Anklage gegen sie erhoben würde. Offiziell ist seitens der Staatsanwälte gern von Fluchtgefahr oder Zeugenbeeinflussung die Rede. Im späteren Hauptverfahren zeigt sich dann mitunter, wie dünn die Beweislage wirklich war.

Gerade in dem Fall kann eine offensive Litigation-PR durchaus hilfreich sein. Dabei geht es nicht nur darum, dem Informationsmonopol der Staatsanwaltschaft in den Medien etwas entgegenzusetzen, sondern ein hoher Mediendruck kann auch zur Aufhebung der Haftanträge führen. Im Fall des bereits oben beschriebenen Bamberger Chefarztprozesses ist es durch eine spektakuläre Pressekonferenz gelungen, dem Antrag auf Haftentlassung die nötige Wucht zu verleihen: Der Beschuldigte kam kurz darauf frei. Das ist keine Ausnahme: Mithilfe einer halbwegs geschickten Litigation-PR kann die Arbeit der Strafrechtsanwälte wirksam orchestriert werden, um so die Leidenszeit in der U-Haft zu verkürzen.

Lange Zeit galt der „Deal", also eine Verfahrenseinstellung durch eine Vereinbarung des Gerichts mit den Verfahrensbeteiligten, als eleganter Ausweg, um aus einem hochkomplexen oder verfahrenen Prozess herauszukommen. In dem Zusammenhang wird das Hinwirken auf einen Deal auch immer wieder als wichtige Aufgabe der Litigation-PR genannt (Holzinger und Wolff 2009, S. 188). In der Praxis ist das aber mit Vorsicht zu genießen. Tatsächlich kommen Absprachen nach § 257c StPO über den weiteren Verfahrensablauf zwischen dem Vorsitzenden, der Staatsanwaltschaft, dem Verteidiger sowie dem Angeklagten häufig vor. Inhalt einer solchen Absprache ist oft die Zusage einer Strafmilderung oder eine Strafobergrenze durch das Gericht, wenn der Angeklagte im Gegenzug ein Voll- oder Teilgeständnis abgibt. Besonders bei komplizierten Sachverhalten wird dadurch eine aufwändige Beweisaufnahme abgekürzt und eine spürbare Verfahrensbeschleunigung erreicht.

Es ist verständlich, dass ein solcher Deal für viele Beschuldigte als gern gesehener Ausweg erscheint. Schließlich geht es oft um möglicherweise jahrelange Prozesse mit unsicherem Ausgang im Instanzenweg und hohen Kosten. Die juristischen Abwägungen müssen die Anwälte treffen, aber eine Abkürzung des Verfahrens kann durchaus sinnvoll sein. Aus kommunikativer Sicht seien hier nur zwei Anmerkungen erlaubt:

- Ein Deal ist in der Regel mit einem Schuldeingeständnis verbunden.
- Die Deal-Justiz steht im Odium, eine Sonderjustiz für Mächtige und Manager zu sein.

Die Medien reagieren durchaus skeptisch darauf und es hängt auf jeden Fall davon ab, welchen kommunikativen Spin man einem solchen Deal geben kann.

Das gilt in ähnlicher Form auch für den sogenannten „Freispruch zweiter Klasse", etwa bei einer Verfahrenseinstellung ohne Urteil oder einem Freispruch aus Mangel an Beweisen. Auch hier bringt die Gegenseite gern ins Spiel, dass der Angeklagte im Grunde nicht rehabilitiert sei und es nach wie vor Zweifel an der Schuldfrage gebe. Das Strafrecht kennt keinen Freispruch erster oder zweiter Klasse. Es spielt rechtlich keine Rolle, ob wegen erwiesener Unschuld oder mangels Beweisen freigesprochen wird. Allerdings kann ein Freispruch in der Urteilsbegründung oftmals durch tendenziöse Formulierungen negativ eingefärbt sein, sodass der Freigesprochene eben doch öffentlich stigmatisiert bleibt. Bekannte Beispiele für solche Freisprüche sind die Urteile im Kachelmann-Prozess und im Wiederaufnahmeverfahren von Gustl Mollath.

„Deals", meint Berlins ehemaliger Generalstaatsanwalt Hansjürgen Karge, „sind einfach eine Kapitulation vor der Komplexität der wirtschaftlichen Materie. Der Staatsanwalt steigt nicht durch, bekommt aber trotzdem ein Urteil. Das lautet dann meist: zwei Jahre auf Bewährung." (zit. in Seiwert 2012) Leider erscheint nicht nur die Justiz überfordert. Auch viele Medienvertreter kapitulieren vor der Komplexität eines solchen Strafverfahrens und beschränken sich bei der Gerichtsberichterstattung auf den kleinsten gemeinsamen Nenner (Holzinger und Wolff 2009, S. 191). In dem Fall kommt es immer wieder vor, dass Medien Klischees beschreiben, Vorurteile verbreiten oder blanke Ressentiments bedienen, die ihnen nicht selten von der Staatsanwaltschaft souffliert werden. Litigation-PR kann hier wesentlich zur Klärung beitragen, komplexe Sachverhalte plastisch darstellen und Beweggründe verständlich machen.

In der Regel liegt dem nicht einmal ein böser Wille bei den Journalisten zugrunde, denn oft fehlt schlicht eine verlässliche Informationsquelle, die die Medien mit einer anderen Perspektive auf die Dinge versorgt, als es der Staatsanwaltschaft gerade gefällt. Seriös arbeitende Journalisten sind verpflichtet, alle Perspektiven zu berücksichtigen. Wenn man den richtigen Ton trifft und die Information sauber aufarbeitet, ist die Chance groß, dass sie das auch tun – aller Negativbeispiel zum Trotz.

5.1.2 Litigation-PR im Zivilrecht

Während es im Strafrecht meist um „süffige" Sachverhalte geht, sieht das im Zivilrecht oft anders aus. Hier fehlt das Drama im Gerichtssaal, der Kampf um Gut und Böse, um Schuld und Sühne. Stattdessen hat man es im Zivilrecht oft mit grantelnden Parteien zu tun, die sich um ihr Recht betrogen fühlen. Der Eindruck bei vielen Medien herrscht vor, dass man sich im Zivilprozess um Spitzfindigkeiten streitet, um aus der Gegenseite ein Quäntchen mehr Geld herauszupressen. Deswegen gilt das Zivilrecht für viele Journalisten als weniger interessant und kommunikativ weniger ergiebig.

Der Eindruck täuscht. Die großen Unternehmensschlachten werden inzwischen auf dem Feld des Zivilrechts geschlagen und Litigation-PR-Experten können hier ihr gesamtes Instrumentarium ausspielen. Zivilrechtliche Litigation-PR kann vor allem in folgenden Bereichen aussichtsreich sein:

- Insolvenzrecht und -missbrauch
- Produkthaftung und -rückrufe
- Kartellrecht
- Patent-, Markenrecht und gewerblicher Rechtsschutz
- Medizinrecht
- Kapitalmarkt und -anlagerecht
- Umweltrecht
- Arbeitsrecht

Diese Auswahl ist zugegebenermaßen willkürlich und geprägt durch die Fälle, mit denen der Autor dieses Buches in den vergangenen Jahren vorrangig zu tun hatte. Auf einige Rechtsfelder (Produktrückrufe, steuerrechtliche Selbstanzeigen, Managerhaftung, Insolvenz- und Umweltrechtsstreitigkeiten) wird im weiteren Verlauf noch näher eingegangen. Zunächst bleibt aber festzuhalten, dass es primär die Zivilrechtsfälle sind, die zum Ausbau der Litigation-PR als Kompetenzfeld in den Kommunikationsabteilungen vieler Unternehmen führten. Hier sei nur an die Kartellschadensauseinandersetzungen der Deutschen Bahn erinnert, an die vielfältigen Schadensersatzklagen gegen die Automobilindustrie wegen mutmaßlicher Abgasmanipulationen und an die Musterfeststellungsklage gegen die Volkswagen AG – um nur einige zu nennen.

Für viele Unternehmen ist die Öffentlichkeitswirkung der Rechtsstreitigkeiten so wichtig geworden, dass hier für die Kommunikationsabteilung notwendigerweise ein eigenes Aktionsfeld entstanden ist. Dies gilt im Übrigen unabhängig davon, ob man als Unternehmen als Kläger oder Beklagter fungiert. In beiden Fällen geht es in der Regel nicht nur um die Reputation, sondern vor allem auch um eins: sehr viel Geld.

Eine wichtige Zielsetzung der zivilrechtlichen Litigation-PR ist, neben dem Reputationsschutz, die Unterstützung der juristischen Strategie. Man kann den Gegner zusätzlich unter Druck setzen. Oft geht es aber auch darum, einen möglicherweise jahrelang sich hinziehenden Rechtsstreit mit hohen Kosten und unsicherem Ausgang abzukürzen. Durch einen Prozessvergleich können die Parteien im Zivilprozess jederzeit den Streit beenden, was sich oft auch finanziell für beide Seiten lohnt.

5.2   Steuerstrafrechtliche Delikte

Am 16. Januar 2013 taucht eine kleine Vorabmeldung in den Onlinemedien auf, die einen der deftigsten Steuerskandale der deutschen Mediengeschichte auslösen wird – was aber an diesem Mittwochvormittag noch kaum abzusehen ist. *Stern Online* veröffentlicht einen Beitrag, nachdem „ein Spitzenvertreter der deutschen Fußball-Bundesliga" bei der Schweizer Privatbank Vontobel auf einem Nummernkonto einen dreistelligen Millionenbetrag in Schweizer Franken versteckt haben solle (Röhrig 2013). Bei dieser „Toppersonalie" handelt es sich um den Ex-Fußball-Star und Bayern-München-Präsident Uli Hoeneß. Wie die verwunderte Öffentlichkeit in den nächsten Tagen detailliert erfahren wird, hat der so bekannte wie umstrittene Fußballmanager in erheblichem Umfang Devisentermingeschäfte durchgeführt. Zeitweise galt er als der wichtigste Kunde im Devisenhandel der Bank. Bei seinen zahlreichen Transaktionen seien hohe Volumina abgewickelt worden, heißt es später seitens der Bank. Zeitweilig soll Hoeneß über Sicherheiten von mehr als 200 Millionen Euro verfügt und damit regelmäßig Transaktionen über dreistellige Millionenbeträge getätigt haben. Das Problem: Die deutsche Steuerverwaltung weiß von all dem herzlich wenig.

Hoeneß stellt unmittelbar nach Erscheinen der Beiträge im *Stern* Selbstanzeige. Den nun folgenden Skandal kann er aber nicht abwenden. Die Medien berichten haarklein, was während des Ermittlungsverfahrens ans Licht kommt. So geht das über Wochen und Monate. Es kommt, wie es kommen muss: Am 30. Juli 2013 erhebt die Staatsanwaltschaft München II Anklage, am 13. März 2014 spricht ihn die Strafkammer des Münchner Landgerichts der Steuerhinterziehung in sieben Fällen in Höhe von 28,5 Millionen Euro schuldig. Das Urteil: Freiheitsstrafe von drei Jahren und sechs Monaten – was für ein Medien-Scoop! Hoeneß verbüßt einen größeren Teil der Strafe. Er arbeitet in der Kleiderkammer, schließlich wird er Freigänger – und auch all das wird detailliert von den Medien begleitet. Der Fall gehört zu den am intensivsten diskutierten Prominentenprozessen der jüngeren Geschichte.[1]

Auch in der Litigation-PR-Branche verfolgt man auf Kongressen und Kolumnen die Ereignisse mit großem Interesse (Posor 2015). Und es hagelt Kritik. Vor allem das Informationschaos und die Salamitaktik am Anfang wird kritisiert. Eines kann man Hoeneß aber nicht vorwerfen: Das Rampenlicht scheut er nicht. Im Gegenteil: Der Fall Hoeneß gehört zu den spannendsten Krisen- und

---

[1] Die Chronologie des Skandals wurde von mehreren Medien detailliert nachgezeichnet, unter anderem von der Frankfurter Allgemeinen Zeitung und dem *SPIEGEL*. Nützlich ist auch der Beitrag auf Wikipedia (o. J.-h).

Litigation-PR-Filetstücken – inklusive tränenreicher Entschuldigung und Abschied von den Fans. Dann geschieht das Wunder: Am 25. November 2016 wird Hoeneß mit 98,5 Prozent der Stimmen der Mitglieder erneut zum Präsidenten des FC Bayern München e. V. gewählt – die Rückkehr in alte Management-Positionen gelingt wohl kaum einem anderen Manager nach Schuldspruch und Absitzen einer Haftstrafe.

Litigation-PR hat in der Regel zwei Seiten – je nachdem, mit welcher Zielsetzung man an sie herangeht: Die einen wollen unbedingt rein in die Medien, die anderen wollen um jeden Preis rausgehalten werden. Am Fall Hoeneß ist vieles interessant. Vor allem aber, dass mithilfe eines aktiven Umgangs mit den Medien eine riesige Reputationskrise angesichts des größten anzunehmenden Litigation-PR-Vorfalls ins Positive gewendet werden konnte. Das ist alles andere als selbstverständlich.

Sicher lief manches in dieser Kampagne nicht optimal, trotzdem kann man einiges aus der Causa Hoeneß lernen. Auf jeden Fall zumindest, dass nicht zu schnell auf den Wunsch vieler Beklagter eingegangen werden sollte: Sie wollen sich angesichts des drohenden Reputationsschaden am liebsten nicht in den Medien zeigen. Das ist zwar verständlich, aber wenn sich Berichterstattung ohnehin nicht vermeiden lässt, kommt es auf den richtigen Spin an – und den bekommt man nur durch einen aktiven Umgang mit den Medien. Im Fall Hoeneß verbreitet sich die Geschichte eines enorm erfolgreichen, authentischen Jungen, der in einsamen Nachtstunden zum Börsenzocker wurde und daraufhin dabei den Überblick verlor. Im Bayerischen gibt es dafür einen halb kritischen, halb bewundernden Ausdruck, den die *F.A.S.* auch prompt in die Headline nimmt: „A Hund san's scho, lieber Herr Hoeneß" (2013). Wenn es das Ziel der Kampagne war, diesen Eindruck zu vermitteln, war sie zu hundert Prozent erfolgreich.

So interessant der Fall Hoeneß ist – im Hinblick auf steuerstrafrechtliche Selbstanzeigen ist er nicht der Normalfall. Nach dem Kauf der ersten Steuer-CD mit gestohlenen Daten von circa 1000 Kunden der Vaduzer LGT Treuhand im Jahr 2006 stieg die Zahl der sich selbst anzeigenden Steuerhinterzieher enorm an. Seitdem bemühen sich die Finanzbehörden in regelmäßigen Abständen und unter lautem PR-Tamtam um solche Datenaufkäufe. Nebst dem Fall Hoeneß gab es einige Prominente, die in Schlagzeilen gerieten, aber eine viel größere Zahl dürfte unter dem Radar geblieben sein.

Eine Selbstanzeige ist im Steuerstrafrecht ein Strafaufhebungsgrund. Wer wirksam eine Selbstanzeige erstattet, kann gemäß § 371 Abgabenordnung (AO) nicht bestraft werden, obwohl er eine Steuerhinterziehung (§ 370 AO) begangen hat. In den Jahren 2013 bis 2015 gab es eine Welle an Steuersündern, die reinen Tisch machen wollten. Doch zum Jahreswechsel 2014/2015 wurde das Steuerrecht verschärft und wie die Statistik seither verdeutlicht, hat sich die Neufassung des § 371 AO enorm auf die Bereitschaft zur Selbstanzeige ausgewirkt: Die Zahl der Selbstanzeigen ging seitdem um mehr als zwei Drittel zurück.

Es ist auch deswegen leiser um Steuersünder geworden, weil solche Selbstanzeigen inzwischen viel professioneller gemanagt werden (Meinecke 2020). Von Anfang an werden die Gespräche mit den Steuerbehörden im Bewusstsein der hohen öffentlichen Sensibilität für die oft prominenten Betroffenen geführt. Das wird in der Regel auch von Anfang an zum Gesprächsgegenstand mit den Behörden gemacht. Diese haben wiederum ihrerseits kein Interesse an einem Skandal, der viel Staub aufwirbelt, und achten daher auf Diskretion. Wenn sich die Betroffenen hier geschickt und angemessen verhalten, wenn sie darauf achten, Leaks zu vermeiden, so gelingt es in der Regel, öffentliche Skandale wie in der Causa Hoeneß zu vermeiden.

5.3 Managerhaftung und D&O-Schadensbewältigung

Mit einem unbedarften Satz über die Kreditwürdigkeit der Kirch-Gruppe begann im Februar 2002 das Dilemma der Deutschen Bank: „Was man darüber lesen und hören kann", so spekulierte CEO Rolf-E. Breuer bei *Bloomberg TV*, „ist ja, dass der Finanzsektor nicht bereit ist, auf unveränderter Basis noch weitere Fremd- oder gar Eigenmittel zur Verfügung zu stellen." Es sollte der teuerste Satz der deutschen Wirtschaftsgeschichte werden. Dieses Statement trug angeblich wesentlich zum Zusammenbruch des Kirch-Imperiums bei. Darauf folgte ein beispielloser Mammutprozess um die finanziellen Folgen. Die Deutsche Bank zahlte zwölf Jahre später entnervt den Kirch-Erben 775 Millionen Euro plus Zinsen an Schadenersatz. Der gewünschte Schlussstrich unter dem Dauerstreit war das aber immer noch nicht.

Denn was danach folgte, war die Schadensbewältigung, zu der der Aufsichtsrat nach dem Aktienrecht verpflichtet ist. So ging der Rechtsstreit in die nächste Runde, weil der Aufsichtsrat der Deutschen Bank beschloss, Breuer und dessen Versicherung in Regress zu nehmen. Am 31. März 2016 wurde bekannt, dass sich die Deutsche Bank mit Breuer auf einen Vergleich geeinigt hatte, der Breuer zu einer Zahlung in Höhe von 3,2 Millionen Euro an die Deutsche Bank verpflichtete. Die Summe entsprach angeblich dem dreifachen Jahresgrundgehalt, welches der Manager als Vorstandschef bekam. Die restlichen 90 Millionen Euro wurden von mehreren D&O-Versicherern gezahlt (Wikipedia „Breuer Interview").

In der Causa Breuer zeigt sich ein exemplarisches Streitmuster, dass viele Topmanager inzwischen durchlebt haben: Nach einer ersten Welle zivil- oder strafrechtlicher Auseinandersetzungen folgt oft eine zweite Welle, bei der es um Fragen der Haftung und Schadensregulierung mit den D&O-Versicherungen geht. Das betrifft dann auch Organmitglieder, denen strafrechtlich nichts vorgeworfen werden konnte. Die Schwelle für den zivilrechtlichen Vorwurf einer Pflichtverletzung – etwa bei mangelhafter Wahrnehmung ihrer Aufsichtspflicht – liegt aber deutlich niedriger.

Eine D&O-Versicherung ist eine Vermögensschadenhaftpflichtversicherung, die ein Unternehmen für seine Organe und leitenden Angestellten abschließt. Das ist mittlerweile ein standardmäßiger Vorgang bei der Einstellung von Managern, ähnlich wie man sich als Privatperson eine private Haftpflichtversicherung zulegt, die vor unvorhersehbaren finanziellen Schäden schützt. Fehler oder Pflichtverletzungen können passieren, denn niemand ist perfekt. Das gilt auch für Manager – nur dass die Schäden, die bei ihnen entstehen, einen erheblichen Umfang annehmen können. Wenn, wie etwa im Dieselgate-Skandal, Schäden in Milliardenhöhe entstanden, kann den verantwortlichen Managern schnell die Privatinsolvenz drohen. Davor soll sie eine D&O-Versicherung schützen.

Bei der Formulierung der Ansprüche gegen ehemalige Vorstände wird sich der Aufsichtsrat zum einen an der maximalen Höhe der D&O-Deckungssumme orientieren, zu anderen aber auch an der Höhe des Privatvermögens – die Zahlen dazu kennt der Aufsichtsrat ja bestens. Man schielt also auf die Kasse der Versicherer, aber die betroffenen Manager kommen immer häufiger nicht um eine Eigenbeteiligung herum. Wichtig ist, dass der Aufsichtsrat dabei mit Geschick und Augenmaß vorgeht. Werden die Vorwürfe gegen die betroffenen Vorstände von Anfang an als zu schwerwiegend eingeführt, droht dem Aufsichtsrat eventuell ein Eigentor: Denn bei Vorsatz oder grober Fahrlässigkeit kann es durchaus sein, dass die D&O-Versicherungen nicht zahlen.

Technisch läuft das in der Regel so ab, dass die beschuldigten Manager ihre Ansprüche aus dem Versicherungsvertrag an ihren ehemaligen Arbeitgeber abtreten. In dem Fall geht der Aufsichtsrat direkt gegen die Versicherer vor und alle Beteiligten sitzen an einem Tisch – lange bevor die tatsächlichen Schadensersatzansprüche geltend gemacht werden. In der Regel wird man versuchen, Ansprüche überhaupt nicht auszulösen, sondern im Vergleichspapier eine Drei-Parteien-Einigung zu finden. Oft erfährt man in der Öffentlichkeit nie, wie dieses Geschacher zwischen Versicherer und Unternehmen ausgeht – die Parteien vereinbaren nicht selten Stillschweigen.

Kann man sich aber nicht einigen, kommt es erneut zum Rechtsstreit – und der tut den ehemaligen Managern oft besonders weh. Häufig haben sich betroffene Manager inzwischen eine neue Existenz aufgebaut und über die alten Auseinandersetzungen ist längst Gras gewachsen. In vielen Fällen endet eine strafrechtliche

Aufarbeitung mit einem Freispruch oder der Verfahrenseinstellung. Umso schmerzhafter ist es, wenn das Thema dann nach Jahren erneut über den Weg der Haftungsklage an die Öffentlichkeit kommt.

Wie hält man einen Mandanten in so einer Situation aus der Medienberichterstattung heraus? Siebert (2020) gibt einige Ratschläge dazu: Sie empfiehlt Transparenz, eine faktenbasierte Kommunikationsstrategie und einen einsichtigen Umgang der Betroffenen mit der eigenen Verantwortung. Das ist grundsätzlich richtig. Die Praxis ist allerdings in der Regel viel anspruchsvoller. Oft müssen Litigation-PR-Experte hier hinter den Linien agieren. Das Streuen von (Gegen-)Narrativen gehört zum Handwerk, denn man liest etwas in den Medien und muss darauf reagieren. Dabei muss man versuchen, allein durch Hintergrundaktivität die Veröffentlichung von negativen Artikeln zu verhindern. Vertraulichkeit ist bei Managerprozessen und gerade in den Haftungsfällen die Regel. Da Organe strengen Verschwiegenheitspflichten unterliegen, dürfen sie sich nicht zu öffentlich gewordenen Vorwürfen äußern – zumindest theoretisch. In der Praxis reden aber viele mit den Medien, sodass sich die Nachricht über eine drohende Haftungsklage in kürzester Zeit in den führenden Wirtschaftsmedien finden lässt. Wer jetzt schweigt, überlässt die Arena der Gegenseite.

Manchmal muss ein Litigation-PR-Experte dabei ungewöhnliche Wege gehen, insbesondere, wenn er überhaupt nicht in Erscheinung treten darf. Die Zielsetzung des betroffenen Managers heißt dann: absolut glaubwürdiges Dementi, dass man *nicht* mit den Medien gesprochen habe. Dass kann zum Beispiel während einer laufenden Verhandlung nötig sein, bei der nicht der leiseste Zweifel aufkommen darf, dass ein Manager vertrauenswürdig sei. In dem Fall wird Litigation-PR zum klandestinen Spiel – quasi ohne unmittelbare Medienkontakte. Und das gehört zweifellos zur hohen Kunst der Litigation-PR.

Hierzu gibt es eine Reihe von Instrumenten. Einen Manager komplett aus den Medien zu halten, kann allerdings nur dann gelingen, wenn bestimmte Rahmenbedingungen gegeben sind: Der Betroffene sollte nicht unmittelbar im Zentrum der Anschuldigungen stehen, er sollte über eine tadellose Reputation verfügen, er sollte seine Geschichte authentisch und glaubwürdig erzählen können und er sollte als langfristige Quelle für die Journalisten wichtiger sein denn als Schlachtopfer für den nächsten Beitrag. Aber auch sonst kann gute Litigation-PR dafür sorgen, dass die Anzahl der Berichte klein und der Medientenor neutral bis positiv bleibt.

Ich möchte hier nur auf zwei Techniken des Spiels über Bande eingehen:

- Off-the-Records: Jeder PR-Manager kennt das subtile Spiel mit Off-the-Records-Deals bei Hintergrundgesprächen. Mit vielen Journalisten kann man Vereinbarungen treffen, dass die Quelle geschützt wird oder Zitate nicht verwendet werden. Das ist immer eine Frage des Vertrauens und des Fingerspitzengefühls. Journalisten mögen es zwar, über exklusive Informationen zu verfügen, sie dann aber nicht nutzen zu dürfen, ist eine arge Verführung. Das funktioniert nur bei erfahrenen Medienprofis, die für einen kurzfristigen Exklusivbericht nicht ihre langfristige Reputation aufs Spiel setzen.

• Third Parties: Man findet Dritte, die die Kommunikation für den Betroffenen übernehmen. Hier ist der Kreativität keine Grenzen gesetzt, denn Kunden, Experten, Verbände, Parteien können unter bestimmten Umständen und wenn es in ihr eigenes Kommunikationskalkül passt, als Fürsprecher auftreten.

Litigation-PR kann sehr unterschiedlich sein und sie ist viel facettenreicher, als man zunächst denken würde. Angriffsmandate können inhaltlich und technisch sehr anspruchsvoll sein. Aber die Verteidigungsmandate sind es, bei denen man oft alle kommunikativen Register ziehen muss.

5.4   Produkte in der Krise: Produktrückrufe

Es war wie die Explosion einer Supernova: Ende Februar 2016 muss das Management des amerikanischen Konzerns Mars den größten Produktrückruf der Firmengeschichte bekannt geben. Die Marsianer, so nennen sich die Mitarbeiter dieses zu den größten Lebensmittelkonzernen der Welt gehörenden Unternehmens, stehen vor einem Problem: In einem Schokoriegel in Deutschland war ein Plastikteil gefunden worden. Ausgelöst wurde die Panne durch eine Verschlusskappe in einer niederländischen Fabrik: Sie soll abgefallen und in vielen scharfkantigen Einzelteilen in die verschiedenen Riegel verschmolzen worden sein. Mindestens 40 Produkte sind betroffen, darunter Mars, Snickers und Milky Way. Millionen bereits ausgelieferter Riegel in insgesamt 60 Ländern könnten verunreinigt sein.

Zunächst geschieht wenig. Im Dezember war es im Zusammenhang mit einer Anlagenaufrüstung zu der Panne gekommen, berichtet die *Lebensmittelzeitung* (Murmann 2016). Danach verstreichen Wochen mit der Fehlersuche und Abstimmung. Das Risiko, dass es zu gesundheitlichen Schäden kommt, ist zum Glück gering – da ist schnell klar. Als dann eine Kundenbeschwerde eintrifft, geht alles schnell: Die Konzernzentrale geht in den Krisenmodus: Alles muss zurück! Deutsche Handelskunden beschreiben die Rückrufaktion „als eine der größten aller Zeiten". Die Produktion aus zwei bis drei Monaten wird vom Markt genommen. Ein Kraftakt, der nicht lautlos vonstattengeht.

Bei einem solchen Rückruf wird in der Regel mit dem Handel begonnen: Die Produkte, die sich noch im Lager oder in der Lieferkette befinden, beziehungs weise in den Regalen der Händler lagern, können auf diesem Weg einigermaßen leicht aus dem Verkehr gezogen werden. Nach so langer Zeit sind aber viele Produkte bereits abverkauft. Dann geht es auch ums Prinzip – und um die Reputation. In so einem Fall muss man versuchen, auch die Endkunden zu erreichen. Dabei gibt es eine Vielfalt an Möglichkeiten, etwa mithilfe einer Pressemitteilung des Rückrufs, die breitgestreut über OTS verteilt wird, oder von Interviews mit Fachmedien wie etwa der *Lebensmittelzeitung*. Auf der Unternehmenswebseite wird in der Regel zudem eine Verbraucherhotline sowie ein Kontaktformular angeboten. Verbraucher, die noch ein entsprechendes Produkt im Lebensmittelschrank liegen haben, können sich unbürokratisch an die Firma wenden – und werden in der Regel anstandslos und nicht knausrig mit Produktpaketen entschädigt.

Und dann gibt es da auch noch das gesetzlich vorgeschriebene Standardprozedere, denn Produktrückrufe sind heutzutage an der Tagesordnung – nicht nur in der Lebensmittelbranche, sondern etwa auch bei Herstellern von Automobilen, Arzneimitteln oder Haushaltsgeräten. Die Ursachen für einen Produktrückruf können vielfältig sein: Managementfehler, Fehler bei der Konstruktion, Fertigung oder Materialwahl, Probleme in der Lieferkette oder im Qualitätsmanagement, kriminelle Anschläge auf das Unternehmen – oder einfach nur eine Verkettung unglücklicher Umstände. In jedem Fall sollte schnell gehandelt werden, wenn ein solcher Produktmangel im Unternehmen bekannt wird. Unternehmen können in diesem Fall gesetzlich verpflichtet sein, zur Gefahrenabwendung angemessene Maßnahmen einzuleiten (Klindt und Wende 2014, S. 3–12). Das kann bedeuten, dass man Kunden und Öffentlichkeit über das Produktproblem informieren, den Mangel beheben oder das Produkt komplett zurückziehen und austauschen muss. Das gilt insbesondere dann, wenn Kunden benachteiligt oder gar zu Schaden kommen können: Die Palette reicht von eingeschränkter Nutzung, über die Gefährdung von Menschleben bis hin zu Umweltschäden oder Unternehmensbeeinträchtigungen (bei B2B-Kunden).

Der Produktrückruf ist dabei zu einer wichtigen Maßnahme geworden, die nicht nur Haftungsrisiken verringert, sondern auch vor Reputationsschäden schützt. Ingenieursstolz oder einfach Angst sind hier keine guten Ratgeber, denn Untersuchungen zeigen, dass Rückrufe das Vertrauen in ein Produkt oder in eine Marke langfristig sogar eher steigern – wenn der Rückruf professionell gemanagt wird.

Juristisch versteht man unter einem Produktrückruf eine ganze Reihe von Maßnahmen zur Gefahrenabwendung (Klindt und Glasl 2012, S. 16) und die rechtlichen Grundlagen sind in Deutschland durch das Produktsicherheitsgesetz (ProdSG) geregelt. Die Produktsicherheit ist für viele Hersteller allerdings nur *ein* relevanter Aspekt. Die Produkthaftung ist ein anderer Ansatz bei der Risikobeurteilung, der in der Praxis immer wichtiger wird. Damit erweist sich das

Produkthaftungsgesetz (ProdHaftG) als weitere wichtige Norm bei einer Krisenbewertung (Arzt und Ruth-Schumacher 2017, S. 94–95; van Venrooy 2015, S. 53 f.; Hermes 2009).

Produkte werden dann zurückgerufen, wenn nach Einschätzung des Herstellers durch Mängel des Produktes Verbraucher, Anwender oder Sachen in dessen Umfeld zu Schaden kommen können, aber nicht jeder Produktmangel ist gleich ein Rückrufgrund. In der Regel geht man bei einem Rückruf von einem über das akzeptable Maß hinaus erhöhten Risiko aus.

Angesichts des möglichen Reputationsschadens versuchen viele Unternehmen, eine breite Kommunikation des Themas zu vermeiden. Vom kompletten Ignorieren des Mangels bis zur breiten Rückrufkampagne gibt es dabei eine ganze Bandbreite an Möglichkeiten: Manche Unternehmen beschränken sich lieber darauf, punktuell finanzielle Belastungen zu übernehmen, als eine möglicherweise kritische Berichterstattung in den Medien zu riskieren. Das kann sinnvoll sein, muss aber genau abgewogen werden. Denn wenn ein Unternehmen die Entscheidung trifft, einen Produktrückruf nicht durchzuführen, kann das auch strafrechtliche Konsequenzen nach sich ziehen. Kritisch wird es, wenn den handelnden Personen aufgrund eigener Untersuchungen oder Schadensberichte zweifelsfrei bewusst war, dass die ausgelieferte Ware ein Sicherheitsrisiko darstellt. Die gewollte Unterlassung, der absichtliche Verzicht auf eine Gefahrenabwendungsmaßnahme trotz besseren Wissens stellt dann auch ein strafrechtliches Risiko dar (Klindt und Glasl 2012, S. 20).

Produktmängel werden von den produzierenden Industrien in der Regel genauestens beobachtet und beurteilt. Dies geschieht oft anhand des Produktmanagements, da hier an der Schnittstelle zwischen Produktentwicklung und Produktmarketing die relevanten Informationsströme gebündelt werden. Ein Produktrückruf ist ein komplexer Prozess, der zunächst den (in-)direkten Vertrieb sowie den technischen Service betrifft. Da Produktrückrufe aber die latente Gefahr einer krisenhaften Eskalation bergen, muss von Anfang die interne und externe Öffentlichkeit mit einbezogen werden.

Eine professionell gemanagte Rückrufaktion beginnt mit einer effizienten Meldekette. Sie stellt sicher, dass Produktproblem möglichst schnell im Unternehmen bekannt werden, denn nur dann können rechtzeitig angemessene Maßnahmen erwogen und eingeleitet werden. Ist ein Produktmangel rechtzeitig im Unternehmen bekannt worden, so lässt sich eine krisenhafte Verschärfung des Problems möglicherweise sogar ganz vermeiden.

Das Krisenhandbuch sieht idealerweise für die gängigen Krisenszenarien vor, was mit der entsprechenden Information geschehen soll. Das betrifft insbesondere folgende Fragen:

- Welche Fachabteilungen müssen benachrichtigt werden?
- Wann und in welcher Form ist das Management zu informieren?
- Wann und wie ist ein Krisenfall auszurufen?

Wird der Krisenfall ausgerufen, so ist zunächst ein Krisenstab einzusetzen. Er entscheidet darüber, welche Maßnahmen zur Krisenabwehr getroffen werden müssen. Das Krisenteam prüft, ob entsprechende Sofortmaßnahmen eingeleitet werden müssen, und stellt dann sicher, dass diese umgehend ausgeführt werden, dazu kann beispielsweise die Einhaltung entsprechender Meldepflichten gehören (Klindt und Wende 2014, S. 16 ff.). Einer solchen kann man im Europäischen Raum durch das Abgeben einer RAPEX(Rapid Exchange of Information System)-Meldung nachkommen, das Schnellwarnsystem der EU für den Verbraucherschutz (das Pendant für die Lebens- und Futtermittelindustrie heißt RASFF, Rapid Alert System for Food and Feed). Darüber werden Informationen aus den Mitgliedsstaaten über gefährliche oder potenziell gefährliche Verbrauchsgüter ausgetauscht. RAPEX und RASFF ermöglichen einen schnellen EU-weiten Informationsaustausch über Maßnahmen wie Rückhol- oder Rückrufaktionen, unabhängig davon, ob es sich um Maßnahmen der einzelstaatlichen Behörden oder um freiwillige Maßnahmen der Hersteller und Händler handelt.

Zu weiteren Sofortmaßnahmen im Produktbereich gehören nach Klindt und Glasl (2012, S. 64) folgende Punkte, die ein Krisenstab je nach Sachlage unmittelbar abarbeiten sollte:

- Ware aus dem Verkauf nehmen/Sperrung der Ware im Lager,
- Prüfung weiterer Produktmuster,
- Überprüfung der Rückstellmuster,
- Überprüfung der Produktionsdokumentation der Lieferanten,
- Beauftragung von Audits und Tests bei den Lieferanten sowie
- Abholung der Ware beim Kunden, die das Produktproblem ausgelöst hat.

Wenn die Sofortmaßnahmen auf dem Weg sind, muss sich der Krisenstab um eine möglichst umfassende Lagebeurteilung bemühen, also auch eine technische, ökonomische, juristische und kommunikative Bewertung des Sachverhalts. Im Vordergrund steht dabei eine Risikobewertung, ob und in welchem Maß Personen einem erhöhten Risiko ausgesetzt sind. Dazu gehört aber auch eine Abwägung des möglichen Schadens im Hinblick auf die Wahrscheinlichkeit, mit der Schäden eintreten können.

Zur Bewertung des Risikos hat die Forschung noch keine verbindlichen, statistischen Bewertungsinstrumente vorgelegt (Krause et al. 2014). Ein häufig genutztes

Hilfsmittel stellt die RAPEX-Methodik dar. Die Europäische Kommission hat sie im Zusammenhang mit der Verwaltung des bereits erwähnten, gemeinschaftlichen RAPEX-Systems festgelegt. Der Leitfaden beschreibt eine Methode zur Risikobewertung, die durch die Behörden der Mitgliedsstaaten zu verwenden ist (Klindt und Wende 2014, S. 66 ff.). Mit ihr wird der Risikograd bestimmt, der von einem Produkt ausgeht und die Sicherheit sowie die Gesundheit von Verbrauchern einschränkt. Diese Risikogröße bildet letztendlich die Grundlage für die Entscheidung, ob ein Produktrückruf durchgeführt wird oder nicht. Eine solide Bewertung des Gefahrenpotenzials muss nicht nur durchgeführt, sondern auch sauber und nachvollziehbar dokumentiert werden. Diese Dokumentation kann später im Falle einer rechtlichen Auseinandersetzung relevant werden.

Vom Risikopotenzial des aufgedeckten Mangels hängt ab, mit welchem Kommunikationsdruck man den Produktrückruf begleitet (s. Abb. 5.2). Wenn es nur um ein geringes Risiko geht und die Meldung nur als „freiwillig" eingestuft wird, ist die Frage, ob überhaupt eine nennenswerte Kommunikation notwendig ist. Eventuell kann das Problem im Zusammenhang mit ohnehin anstehenden Routinekontrollen verhältnismäßig geräuscharm geregelt werden.

Wenn das Unternehmen eine RAPEX-Meldung mit einer Low-Risk-Bewertung (L) abgibt, so kann der Kommunikationsdruck verhältnismäßig gering ausfallen. Wenn wir es aber mit einem Serious-Risk-Problem (S) zu tun haben, müssen die kommunikativen Ressourcen entsprechend skaliert werden. Je höher der Kommunikationsdruck ist, desto größer ist auch das Risiko, dass das Thema ungewollt von Medien wahrgenommen und medial verstärkt wird.

Verhältnismäßig einfach ist die Situation, wenn das Unternehmen über genaue Kundendaten verfügt, was beispielsweise meist in der Automobilbranche der Fall

Wahrscheinlichkeit einer Schädigung während der voraussichtlichen Lebensdauer des Produkts		Schweregrad der Verletzung			
		1	2	3	4
hoch	> 50 %	H	S	S	S
	> 1/10	M	S	S	S
	> 1/100	M	S	S	S
	> 1/1,000	L	H	S	S
	> 1/10,000	L	M	H	S
	> 1/100,000	L	L	M	H
	> 1/1,000,000	L	L	L	M
gering	< 1/1,000,000	L	L	L	L

Abb. 5.2 Risikograd bei einem Produktrückruf. (Quelle: Bundesanstalt für Arbeitsmedizin und Arbeitsschutz https://www.baua.de/DE/Themen/Anwendungssichere-Chemikalien-und-Produkte/Produktsicherheit/Marktueberwachung/Rapex.html Zugegriffen 20.2.2022)

ist. Dann weiß man nicht nur, wo sich die betreffenden Fahrzeuge befinden, sondern die Händler können oft mit verhältnismäßig geringem Aufwand die Halter ausfindig machen und direkt kontaktieren. Wir sprechen in so einem Fall von einem „stillen Rückruf", also unter Ausschluss der Öffentlichkeit.

Aus der Perspektive der Krisenkommunikation ist das der Idealfall. Man kann das Problem dann theoretisch im Rahmen des bestehenden Customer-Relationship-Managements lösen – vorausgesetzt, es verfügt über genügend granulare Daten. Der Aufwand ist immer noch groß, denn es müssen Kommunikationspakete für den Vertrieb und die Händler vorbereitet werden. Technischer Service und Call-Center müssen zudem entsprechend gebrieft und geschult werden. Auch die Pressestelle braucht eine entsprechende Information, um sich reaktiv auf unvorhergesehene Presseanfragen einzustellen. Die Informationspakete müssen für die verschiedenen Länder angepasst und übersetzt werden. Alles in allem ist das Risiko einer Eskalation der kommunikativen Krise aber beherrschbar.

Das ändert sich jedoch, wenn die Risikobewertung im Bereich Medium (M) oder High (H) liegt. Dann steigt nicht nur der Druck, möglichst schnell eine hohe Konversionsrate zu erzielen, sondern auch das Risiko der Sichtbarkeit nach außen – etwa durch Unfälle oder Kundenbeschwerden in den Sozialen Medien. Das Problem kann dadurch verschärft werden, dass die Kundendaten unvollständig sind: Schlechte Tracebility rächt sich nicht nur kaufmännisch, sondern auch im Hinblick auf die Kommunikation. In dem Fall muss der Kommunikationsdruck nachträglich verstärkt werden:

• durch höhere Wiederholungsrate bei den Nachfassaktionen.
• gezieltes Einschalten der Medien (Öffentlicher Aufruf) und
• Above-the-Line-Maßnahmen (zum Beispiel Rückrufanzeigen).

Das ist nicht nur deutlich aufwändiger und kostenträchtiger, sondern es steigt auch das Risiko erheblich, dass es zu negativen Presseberichten oder Shitstorms in dem Sozialen Medien kommt.

Zur vernetzten Problembewertung gehört auch die Planung spezifischer Kommunikationsmaßnahmen für die verschiedenen Stakeholder-Gruppen neben den Kunden. Zu den wesentlichen Faktoren, die den Aufbau einer Argumentation sowie die effiziente Kanalwahl beeinflussen, gehören folgende Aspekte:

• Relevanz und Krisenpotenzial des Themas,
• Struktur und Erreichbarkeit der Zielgruppe sowie
• Kommunizierbarkeit und Akzeptanz des Sachverhalts.

Im Folgenden soll noch ein Blick auf die strategischen Konsequenzen gelegt werden, die sich für die Kommunikation in dem Zusammenhang ergeben können. Operationale Vorgehensweisen in der Krisenkommunikation sind in den einschlägigen Publikationen detailliert beschrieben (Sieber 2018b; Fiederer und Ternès 2017; Möhrle 2016; Klindt und Glasl 2012).

Von den zahlreichen Produktrückrufen, die pro Jahr bei RAPEX gemeldet werden, erreicht nur ein kleiner Teil eine kritische mediale Relevanz. Ein deutlich größerer Teil läuft unter dem Radar der öffentlichen Wahrnehmung ab. Das hängt mit dem Risikopotenzial zusammen, das hier bereits angesprochen wurde. In der Regel müssen aber noch weitere Faktoren hinzukommen, die einen Produktrückruf zu einer interessanten Medienstory machen:

- Hohe Zahl der zurückgerufenen Produkte.
- Erhebliche Kosten des Rückrufs, die für das Unternehmen zu einem ökonomischen Risiko werden können und/oder den Börsenkurs beeinflussen.
- Eklatante Managementfehler oder gar Verdacht auf Wirtschaftskriminalität.
- Erhebliche Rechtsfolgen für das Unternehmen (etwa im Zusammenhang mit Schadensersatz-, Musterfeststellungs- oder Haftungsklagen gegen Manager des Unternehmens).
- Erhebliche negative Folgen für die Kunden (Wertverlust, Unfallrisiko in der Rückrufphase).
- Spektakuläre Unfälle, die durch das mangelhafte Produkt verursacht wurden.

Wenn einer oder mehrere dieser Faktoren gegeben sind, sollte sich ein Kommunikator auf eine deutlich kritischere Berichterstattung der Medien sowie heftige Reaktionen in den Sozialen Medien vorbereiten. Das sollte nicht nur bei der Planung entsprechender Worst-Case-Szenarien berücksichtigt werden, sondern die gesamte Argumentation sollte von Anfang an eine krisenhafte Eskalation antizipieren.

Dazu sollte unbedingt vermieden werden, dass der Eindruck der sogenannten Salamitaktik entsteht, dass also nur das ohne Offensichtliche bestätigt wird. Die Kommunikation sollte vielmehr offen, transparent und umfassend sein. Sie sollte zudem die Perspektive der jeweiligen Zielgruppe einnehmen sowie auf deren Bedürfnis- und Interessenlage, deren Erwartungen und deren Sprache eingehen.

Beim Argumentationsaufbau spielt demnach eine faktisch-inhaltliche Komponente eine Rolle: Es muss deutlich werden, warum das Problem entstand und welche Verantwortung daran das Unternehmen trägt. Es geht aber auch darum, die Interessenlagen der unterschiedlichen Zielgruppen zu antizipieren: Kunden benötigen andere Informationen als Medien, Mitarbeiter, Geschäftspartner, Behörden oder NGOs. Für alle diese Gruppen gilt es, spezifische Informationspakete vorzubereiten.

Zudem empfiehlt es sich, von Anfang an mit einer umfassenden Szenariotechnik zu arbeiten. Dabei sollte nicht nur das Wunschszenario durchgeplant werden, sondern mögliche Szenarien in der Zukunft. Das heißt nicht nur, dass man für den jeweils spezifischen Verlauf des Produktrückrufs ein Argumentarium entwickelt, sondern auch, dass die heute begonnene Argumentation bei verschiedenen zukünftigen, möglicherweise weniger günstigen Szenarien noch tragfähig sein muss. Nichts ist für einen Kommunikator verheerender, als wenn sich seine eigene Aussage zu einem späteren Zeitpunkt als falsch, bewusst beschönigend oder irreführend erweist. Wenn das Unternehmen handelt und kommuniziert, sollte es das Problem möglichst umfassend ausräumen. Dabei sollte sich das Management als Problemlöser zeigen – nicht als Beschöniger.

Die meisten Unternehmen werden dazu neigen, das Problem im Rahmen eines stillen Rückrufs zu lösen. Das kann sinnvoll sein, beinhaltet aber einige Gefahren. Zum einen kann sich die Krisensituation unverhofft verschärfen, zum Beispiel, wenn im Laufe des stillen Rückrufs plötzlich erschwerende Faktoren hinzukommen:

• Es gibt schwere Unfälle schlimmstenfalls mit Todesfolge.
• Es entstehen aufgrund von Servicemängeln Shitstorms, die sich nicht eingrenzen lassen und von den klassischen Medien aufgegriffen werden.
• Es gibt weitere Rückrufaktionen, die den Eindruck erwecken, es gebe grundlegende Probleme im Qualitätsmanagement, in der Produktion oder bei der Produktentwicklung.

In der klassischen Rückrufkommunikation entsteht das größte Eskalationsrisiko gleich am Anfang des Produktrückrufs. Bei einem stillen Rückruf verschiebt sich das Eskalationsrisiko auf der Zeitschiene, denn wenn man das Problem nachträglich öffentlich machen muss, verschärft sich die Krise erheblich. Der Vorwurf der Vertuschung und Salamitaktik ist dann nur noch schwer zu entkräften – wie beim eingangs geschilderten Fall bei Mars.

An Produktrückrufe hat man sich gewöhnt. Sie kommen fast täglich vor, landen über die offiziellen Meldestellen bei speziellen Verbraucherschutzwebsites und deren sozialen Medienauslegern. Angesichts der Zahlen erscheint es so, als ob sich die meisten Verbraucher daran gewöhnt haben, wenn es ein bestimmtes Maß und eine bestimmte Kritikalität nicht überschreitet. Ein professionelles Rückrufmanagement und eine professionelle Krisenkommunikation erhöhen erheblich die Chance, dass ein Unternehmen unbeschadet eine solche Produktrückrufkrise übersteht. Konsequente Problemlösungen im Sinne des Kunden und Verbrauchers können eventuell sogar die Reputation eines Unternehmens und seines Managements stärken.

5.5 Kommunikation in der Insolvenz

Bankrott, Pleite, Konkurs – wenn der Insolvenzverwalter kommt, sind die Erwartungen selten positiv. In der Öffentlichkeit sieht man ihn als denjenigen, der zusperrt und abwickelt: Arbeitnehmer verlieren ihren Arbeitsplatz, Gesellschafter verlieren oft große Teile ihres Vermögens. Das Ende eines Unternehmens – eigentlich ein völlig normaler Vorgang im ökonomischen Lebenszyklus – hat kein gutes Image.[2]

Die Realität ist komplexer. Unter Insolvenz versteht man einen Zustand, in dem ein Unternehmen seinen Zahlungsverpflichtungen aufgrund von (drohender) Zahlungsunfähigkeit oder Überschuldung nicht mehr nachkommen kann. Liegt einer der Gründe für eine Insolvenz vor, besteht in der Regel die rechtliche Verpflichtung, einen Insolvenzantrag zu stellen. Ein verspäteter oder unterbliebener Insolvenzantrag kann erhebliche Konsequenzen für den zuständigen Geschäftsführer nach sich ziehen. Sobald das Insolvenzverfahren eröffnet ist, darf der Schuldner nicht mehr über sein Vermögen verfügen. Stattdessen versucht der Insolvenzverwalter die Gläubiger aus der Insolvenzmasse zu befriedigen und/oder einen Kompromiss herbeizuführen, mit dessen Hilfe das Unternehmen weitergeführt werden kann.

Das löst in der Regel erhebliche Unsicherheiten bei allen Anspruchsgruppen eines Unternehmens aus. Dabei gibt es hier eine Reihe von Möglichkeiten, denn: Insolvenz ist nicht gleich Insolvenz. Zunächst einmal sollte es also darum gehen, „das Stigma einer Insolvenz in strategische Handlungsoptionen" umzuwandeln. Das moderne Insolvenzrecht bietet inzwischen ein breites Spektrum an Möglichkeiten dafür. So besteht etwa ein gravierender Unterschied zwischen der **Regelinsolvenz** und der **Eigenverwaltung**. Während beim herkömmlichen Insolvenzverfahren der gerichtlich bestellte Verwalter die Führung des Unternehmens und dementsprechend auch die Kommunikation in der Insolvenz übernimmt, ist das in der Eigenverwaltung anders, denn das

---

[2] Das vorliegende Kapitel basiert unter anderem auf einem Interview, das der Autor dieses Buches 2016 mit Dr. Christoph Niering geführt hat, Rechtsanwalt, Fachanwalt für Insolvenzrecht, Partner und Vorsitzender des Verband Insolvenzverwalter Deutschlands e. V. (Sieber 2016a). Zitate ohne weitere Angaben stammen also aus diesem Interview.

„Management behält die Federführung und kann entsprechend über die eigene Unternehmenskommunikation oder eine beauftragte Agentur kommunizieren und über die Nachrichtenlage entscheiden. Der Sachwalter kontrolliert dabei das Management und den eingesetzten Sanierungsberater hinsichtlich der Einhaltung der Insolvenzordnung. So kann das Unternehmen in der Eigenverwaltung die Kommunikation selbst steuern und auf die vorhandenen Strukturen zugreifen."

In der Regelinsolvenz ist es hingegen eher üblich, dass Insolvenzverwalter sich auf eigene Kommunikatoren verlassen. Sie wollen Distanz zum insolventen Unternehmen wahren und eigene Kommunikationsinteressen bestmöglich durchsetzen: „Es ist auch eine Frage der Zuverlässigkeit und Loyalität gegenüber dem Insolvenzverwalter. Denn je nach Verlauf des Verfahrens und den Zukunftsaussichten" ist die seitens eines selbst betroffenen Unternehmenskommunikators und wegen dessen natürlicher Nähe zum Management nicht immer gegeben (Peters 2019).

Im Regelverfahren übernimmt der Verwalter das Ruder. Im Insolvenzfall mit Eigenverwaltung bleiben hingegen die bisherigen Entscheidungsträger in einer vergleichsweise starken Position. Es ist wenig erstaunlich, dass sich beim Führungspersonal von in Schieflage geratenen Unternehmen die Eigenverwaltung größerer Beliebtheit erfreut:

„Noch verlockender wirkt häufig das sogenannte Schutzschirmverfahren, welches sich an das aus den USA bekannte Chapter-Eleven-Verfahren anlehnt. Es bietet den bisherigen Entscheidungsträgern noch mehr Handlungsfreiräume. Allerdings hat der Gesetzgeber aber auch die Eintrittsschwelle deutlich höher angesiedelt." (Vogl 2020, S. 79)

Wie auch immer das gewählte Modell aussieht, so kann die Insolvenz durchaus die Chance zur Sanierung und zum Neustart bieten. Natürlich gelingt das nicht immer. Leider gibt es eine große Zahl an Insolvenzfällen, bei denen die Unternehmen, zum Zeitpunkt der Einbestellung eines Insolvenzverwalters, bereits den Betrieb eingestellt haben. In einem solchen Fall gibt es wenig zu kommunizieren – und nichts mehr zu sanieren. Aber auch dann ist eine geregelte Abwicklung wichtig und volkswirtschaftlich sinnvoll. Das betrifft nicht nur die Verwertung und Abwicklung von Ansprüchen und Forderung, sondern auch ganz praktische Aufgaben, wie etwa das Erstellen von Arbeitszeugnissen für all die Mitarbeiter, die ihren Arbeitsplatz verloren haben.

Der Anspruch bei einer Insolvenz ist allerdings die Rettung eines Unternehmens und eine professionelle Insolvenzkommunikation kann dabei von zentraler Bedeutung sein. Sie hat nicht nur Einfluss darauf, ob und zu welchem Preis bestimmte

Vermögensbestandteile verwertbar sind, sondern trägt dazu bei, dass das Vertrauen in eine Marke auch in einer schwierigen Zeit erhalten bleibt. Ein Unternehmen, an das niemand mehr glaubt, hat seine Erfolgschancen praktisch verwirkt – nicht nur bei Investoren und Gläubigern, sondern vor allem auch bei Kunden und Mitarbeitern. Von diesen Interessengruppen hängt es schließlich ab, ob ein saniertes Unternehmen überhaupt wieder auf Erfolgskurs kommen kann. Ein Unternehmen ist viel mehr als die Summe seiner verwertbaren Maschinen und Werkshallen: Ohne Vertrauen in die Zukunftsfähigkeit gibt es für ein Unternehmen keine Zukunft.

Eine professionelle Kommunikationsstrategie kann in der Insolvenz von entscheidender Bedeutung sein. Tatsächlich unterliegt der Insolvenzverwalter aber erheblichen rechtlichen Einschränkungen, denn eigentlich darf er zu dem von ihm betreuten Verfahren nur wenig sagen, denn das Insolvenzverfahren an sich ist nicht publik. Es beschränkt sich nur auf die Gruppe der Gläubiger. Hier kommt für die betroffenen Kommunikationsteams immer wieder die Frage auf, ob Informationen an die Öffentlichkeit weitergegeben werden dürfen, und wenn ja: welche. Dabei muss eine entsprechend gute Balance gefunden werden.

In der ersten Phase einer Insolvenz agiert man oft aus einer Situation des Unwissens heraus. Der tatsächliche Firmenwert ist aus den Bilanzen nicht immer sicher einschätzbar, die Verwertungs- oder Sanierungsstrategie muss erst noch festgelegt werden. Trotzdem muss man schwierige rechtliche Zusammenhänge innerhalb kürzester Zeit verschiedenen Stakeholdern erklären. Dabei hat man es mit unterschiedlichen Interessengruppen zu tun, denen man den Sachverhalt aus verschiedenen Perspektiven erläutern muss: Das Insolvenzverfahren bedeutet für Arbeitnehmer, Lieferanten, für Kunden etwas völlig Anderes als für den Bürgermeister vor Ort. Aber alle haben ein berechtigtes Informationsinteresse.

Bei all dem müssen Kommunikatoren und Insolvenzverwalter vorsichtig sein und sich immer wieder die Frage stellen, ob sie am Ende das halten können, was sie am Anfang versprochen haben. Am Anfang ist man daher möglicherweise zu vorsichtig, was wiederum in der Öffentlichkeit leicht zu Verunsicherung führen kann. Ist man aber am Anfang zu optimistisch, erlebt man später einen erheblichen Vertrauensverlust, wenn vielleicht doch ein Werk geschlossen werden muss oder bestimmte Zusagen nicht eingehalten werden können.

Dabei funktioniert der Insolvenzfall eher wie eine Krise – und das unterscheidet ihn auch vom Restrukturierungsfall. Der Entschluss zu einer solchen fällt in der Regel nach einer langen Analyse- und Bewertungsphase. Restrukturierungskommunikation kann man daher langsam und strategisch aufbauen: Man kann Ablaufpläne vorbereiten, genau planen, mit welcher Nachricht man wann, wo und wie rausgeht – all das kann man in der Krise, im echten Insolvenzfall, meist nicht. Oft haben Insolvenzverwalter kaum oder gar keinen Vorlauf und müssen improvisieren. Sie orientieren sich dann gern an Standardformulierungen:

- „Die Fortführung des Geschäftsbetriebes ist für die ersten Monate gesichert."
- „Auch die Gehälter der Mitarbeiter sind vollständig gesichert."
- „Das ist die Basis, um den Kern des Unternehmens zu erhalten."

Das sind die typischen Textbausteine, die zunächst zur Anwendung kommen. Soll ein Unternehmen gerettet und saniert werden, dann wird das aber nicht reichen. In dem Fall muss eine Vision über den weiteren Fortgang aufgebaut werden. Die Insolvenzkommunikation sollte man dann in den Kontext einer strategischen, langfristigen Sanierungsstory stellen.

Es gibt eine Vielzahl an Interessengruppen, dabei sind die Medien für den Litigation-PR-Experten gar nicht unbedingt das wichtigste Betätigungsfeld – das hängt vom Einzelfall ab. Ob ein Insolvenzfall zu einem Medienthema wird, lässt sich nicht immer sicher vorhersagen, denn das öffentliche Interesse orientiert sich nicht allein an der Unternehmensgröße. So wurde beispielsweise über den Suhrkamp Verlag und dessen Insolvenzverfahren im Jahr 2013 breit berichtet, obwohl es sich dabei eigentlich gar nicht um ein besonders großes Unternehmen handelte. Auf der anderen Seite gibt es viel größere Insolvenzfälle, die aber in der Presse kaum eine Rolle spielen. Größe sei nicht allein entscheidend, es gehe auch um die Sexyness eines Falles für die Medien, so bringt es der Insolvenzverwalter Niering auf den Punkt (Sieber 2016a).

Wenn aber Medienanfragen kommen, muss unbedingt professionell vorgegangen werden – Kommunikationspannen kommen in der Insolvenzkommunikation unmittelbarer in der Bottom-Line an. Hier sind Litigation-PR-Experten gefordert, die ad hoc eine passgenaue Kommunikation vorbereiten und ausrollen können. Dazu ist es nötig, die verschiedenen Interessengruppen kurzfristig zu identifizieren: Presseunterlagen müssen für alle Mediengruppen vorbereitet und Interviewanfragen innerhalb kurzer Zeit professionell abgearbeitet werden.

Der internen Kommunikation sollte besondere Beachtung geschenkt werden, denn sie ist anspruchsvoll, bedarf größerer inhaltlicher Tiefe und sie sollte vor allem eines sein: ehrlich. Gerade im Sanierungsfall geht es darum, diese Menschen bei der Stange zu halten. In der Mitarbeiterkommunikation lohnt es sich daher noch mehr als sonst, mit offenen Karten zu spielen. Wenn man ein zahlungsunfähiges Unternehmen sanieren will, ist man auf die Kooperation und das Vertrauen der Arbeitnehmer ganz besonders angewiesen. Ihnen steht die Wahrheit zu – und die honorieren sie in der Regel auch, insbesondere dann, wenn es um die Rettung ihres Unternehmens geht.

5.6   Presserechtliche Vorgehensweisen

Unternehmen, Manager und Personen des öffentlichen Lebens geraten, wenn ein Rechtsstreit in die Medien kommt, schnell in ein Minenfeld tendenziöser Berichterstattung. Wenn die negativen Nachrichten tickern, kann man manchmal im Stundentakt dabei zusehen, wie sich ein Bild verfestigt, das oft wenig mit der Realität zu tun hat. Da wird ein bis dahin unbescholtener Manager, Arzt oder Prominenter in der Darstellung schnell vom Held zum Monster. Gerade die ersten Stunden und Tage sind entscheidend, wenn es darum geht, dafür zu sorgen, dass sich dieses Bild nicht in den Medien festsetzt. Mancher Manager oder Unternehmer im Krisenmodus muss angesichts der ständig eintreffenden Negativmeldungen fassungslos zusehen, wie seine Reputation und sein Lebenswerk zerstört werden – zumindest ist das die Emotionslage in dieser Situation.

Muss man das klaglos über sich ergehen lassen? Natürlich nicht. Neben den Instrumenten der Litigation-PR, von denen dieses Buch handelt, gibt es auch eine Reihe von rechtlichen Möglichkeiten, um dagegen vorzugehen. Bei offensichtlichen Falschaussagen, Beleidigungen und einer Handvoll anderer äußerungsrechtlich klar beschriebener Sachverhalte kann man ansetzen. Der Medienrechtsanwalt Marcel Leeser nennt in seinem (unveröffentlichten) Vorlesungsskript zum Medien- und Äußerungsrecht 14 Fallgruppen einer unzulässigen Wortberichterstattung:

- unwahre Tatsachenbehauptungen,
- bewusst unvollständige Tatsachenbehauptung, die einen falschen Eindruck erzeugen,
- mehrdeutige Tatsachenbehauptungen,
- Falschzitate,
- Schmähkritik,
- unzulässige Meinungsäußerung,
- unzulässige identifizierende Berichterstattung,
- Verletzung der Grundsätze der Verdachtsberichterstattung,
- Verletzung der Intimsphäre,
- Verletzung der Privatsphäre,
- Verletzung der Geheimsphäre,
- Verletzung der Sozial- und Öffentlichkeitsphäre,
- Informationen, die durch die Presse illegal erlangt worden sind, sowie
- Berichte über strafrechtliche Verurteilungen.

In all diesen Fällen kann eine medienrechtliche Vorgehensweise erfolgreich sein. Ob eine Äußerung in einem Medienbericht wirklich unzulässig ist, unterliegt allerdings immer einer Einzelfallbetrachtung. In der Praxis ist das selten eindeutig. Viele Aussagen in den Medien mögen uns nicht gefallen, sind deswegen aber noch nicht unzulässig.

Litigation-PR-Experten arbeiten in solchen Situationen immer wieder mit Medienrechtsanwälten zusammen. Daher lohnt sich der Blick auf ihre typischen Handlungsfelder und Vorgehensweisen. Die freie Berichterstattung der Medien über Verfehlungen und Missstände in der Gesellschaft gehört zu den verfassungsrechtlich geschützten und legitimen Aufgaben der Medien. Journalisten beobachten die Entwicklungen in Wirtschaft und Gesellschaft, kritisieren und kontrollieren sie bei Fehlverhalten.

Dem steht der berechtigte Schutz der Betroffenen vor ungerechtfertigten Vorwürfen und Vorverurteilungen entgegen. Das betrifft sowohl die Wort- als auch die Bildberichterstattung. Hier besteht ein Spannungsfeld zwischen den grundrechtlichen verbürgten Freiheiten der Medien (Art. 5 Abs. (1) GG) einerseits und den ebenfalls grundrechtlich geschützten Persönlichkeitsrechten (Art. 2 (1) GG i. V. m. Art. 1 (1) GG) der Betroffenen (Lehr 2020, S. 49; Liesem 2018).

Zu den besonders schwierigen Aufgaben eines Journalisten gehört die Berichterstattung über „Verdachtslagen", in denen die Wahrheit bestimmter Vorwürfe nicht bewiesen ist. Das ist gerade bei prozessualen Auseinandersetzungen die Regel. Hier ist per definitionem der Wahrheitscharakter einer Information oder die Schuld einer Person vor Abschluss des Verfahrens nicht entschieden. Dabei besteht immer das Risiko, dass über einen Betroffenen falsche Informationen verbreitet werden und er dem Risiko einer Vorverurteilung durch die Öffentlichkeit ausgesetzt wird.

Die Medien dürfen über einen geäußerten Verdacht berichten – dass ist ihr besonderes Privileg. Diese Berichterstattung muss allerdings strengen rechtliche Anforderungen genügen. Hier müssen die Journalisten vor allem folgende Punkte beachten (Lehr 2020 S. 50–52; Liesem 2018):

- **Mindestbestand an relevanten Beweistatsachen** – der Hinweise, es sei ein Ermittlungsverfahren eingeleitet worden, reicht beispielsweise nicht als Grund für eine Verdachtsberichterstattung mit Namensnennung aus. Staatsanwälte müssen bereits bei geringstem Anfangsverdacht ermitteln.
- **Öffentliches Informationsinteresse** – dabei ist es notwendig, dass das Berichterstattungsinteresse gegenüber dem Persönlichkeitsschutz überwiegt.

- **Sorgfältige Recherche und umfassende Konfrontationspflicht** – die Medien sind verpflichtet, vor der Veröffentlichung eines Verdachts die Stellungnahme des Betroffenen einzuholen
- **Ausgewogene und distanzierte Darstellung, die eine Vorverurteilung nach Möglichkeit ausschließt** – für den Leser, Zuschauer oder Zuhörer muss es erkennbar sein, dass es sich bei dem beschriebenen Sachverhalt nicht um eine Tatsache, sondern um einen bloßen Verdacht handelt.

Sind diese Kriterien nicht erfüllt, kann man rechtlich gegen bestimmte Äußerungen in den Medien vorgehen. Im Idealfall kann man dann das Erscheinen eines Beitrags verhindern.

Die Chance, einen unangenehmen Bericht auszuhebeln, beginnt mit der Konfrontation und Anfrage der Medien über eine geplante Verdachtsberichterstattung – wozu Journalisten verpflichtet sind. In der Regel bekommt man als Litigation-PR-Sprecher durch eine E-Mail des Journalisten Kenntnis über eine geplante Verdachtsberichterstattung. Sie enthält oft die Bitte um Stellungnahme zu einem bestimmten kritischen Sachverhalt – in Verbindung mit einer Fristsetzung. Jetzt tickt die Uhr und in dem Fall müssen Betroffene umgehend schnell und professionell handeln: Man muss den Journalisten umgehend auf die potenzielle Falschaussage und deren rechtliche Folgen hinweisen, sollte er sie veröffentlichen. Das muss hieb- und stichfest begründet werden, denn eine reine Behauptung reicht hier nicht. Dies ist bereits eine taktisch diffizile Herausforderung, bei der man einen Medienrechtsfachmann hinzuziehen sollte.

Sollte eine direkte Konfrontation der Journalisten nicht erfolgreich sein, kann man auf verschiedene presserechtliche Instrumente zurückgreifen, insbesondere außergerichtliche Abmahnungen. Denn wenn eine Verdachtsberichterstattung nicht den gesetzlichen Anforderungen genügt, haben die Betroffenen beziehungsweise das Unternehmen einen Unterlassungsanspruch nach §§ 823 (1), 1004 BGB. Dieser Anspruch kann mithilfe einer einstweiligen Verfügung häufig innerhalb von 24 bis 48 Stunden durchgesetzt werden. Bevor man solche Unterlassungsansprüche geltend machen kann, ist eine außergerichtliche Abmahnung mit Fristsetzung an das Medienhaus notwendig. Schnelligkeit und rechtliche Präzision sind hier entscheidend, wenn man eine Veröffentlichung verhindern will – und das sollte das primäre Ziel sein.

Ist ein Beitrag einmal veröffentlicht, dann ist die fragwürdige Nachricht in der Welt und es wird schwer, sie wieder herauszuschaffen. Das liebste Instrument war in der Vergangenheit häufig die Gegendarstellung, also eine eigene Darstellung des fragwürdigen Sachverhalts durch den Betroffenen selbst. Unter Umständen besteht ein Anspruch auf eine solche Gegendarstellung, wenn diese bestimmte rechtliche

Anforderungen erfüllt. Die Zeitung, die Rundfunkanstalt oder der Internetanbieter sind in dem Fall verpflichtet, die Gegendarstellung unverzüglich in der nächsterreichbaren Ausgabe des Mediums an derselben Stelle und in derselben Aufmachung zu veröffentlichen wie der beanstandete Artikel, gegebenenfalls auch auf der Titelseite. Die Redaktion darf in dem Fall aber einen sogenannten Redaktionsschwanz anhängen, in dem das Medium sich dann in der Regel wieder vom Inhalt der Gegendarstellung distanziert.

In der Praxis werden Gegendarstellung nur noch selten eingefordert. Sie bringen die Schwierigkeit mit sich, dass der Betroffene die ursprüngliche Äußerung wiederholen muss und so erst recht ins öffentliche Bewusstsein ruft. Das ist aber meist das Gegenteil dessen, was man erreichen will. Zudem ist sie angesichts einer digitalen und hochdynamischen Medienwelt unzeitgemäß. Stattdessen kann ein Anspruch auf Berichtigung oder Widerruf durch das Medium selbst oder bei schwerwiegenden Folgen auch eine finanzielle Entschädigung effektiver sein.

Was im rechtlichen Sinne bestreitbar ist, müssen Anwälte des Medienrechts beurteilen – dazu fehlt Betroffenen meist die Distanz und die medienrechtliche Kompetenz. Die Erfahrung zeigt allerdings, dass Litigation-PR und Medienrechtsanwälte ein Dreamteam sein können. Wo die Möglichkeiten des einen enden, kann der andere Erfolg haben – in vielen Fällen ist es das Zusammenspiel von Zuckerbrot und Peitsche.

Allerdings scheuen viele Kommunikationsmanager den medienrechtlichen Weg. Dafür gibt es einen guten Grund: Das Vertrauen der Journalisten ist ein wesentlicher Erfolgsfaktor für die Arbeit eines Kommunikators. Es zu verspielen, kommt dem größten anzunehmenden Unfall gleich: Es ist schwierig mit Redakteuren vertrauensvoll umzugehen, wenn man sie gleichzeitig verklagt. Es gibt aber durchaus Fälle, in denen sich der Medienrechtsstreit lohnt, beispielsweise dann, wenn ein tendenziöser oder falscher Bericht wieder aus dem Elefantengedächtnis des Internets getilgt werden soll. Das kann gerade für Prominente, kleine oder mittelständische Unternehmen entscheidend sein – sie tragen einen negativen Medienbericht, der jahrelang im Google-Ranking auf Platz eins steht, wie einen Klotz am Bein mit sich herum.

5.7   Umgang mit Hausdurchsuchungen

Es ist der Albtraum jedes Unternehmenssprechers: Der Staatsanwalt steht mit dem Durchsuchungsbefehl in der Hand beim Empfang und will die Geschäftsführung sprechen. Dies ist eine der Situationen, in der die professionelle Kommunikationsarbeit einen erheblichen Einfluss auf den weiteren Krisenverlauf und der daran anknüpfenden Litigation-PR-Kampagne haben kann.

Es gilt hierbei das alte Krisenkommunikationsmotto: „Man kann wenig gut, aber sehr viel falsch machen." In der Regel gehören Hausdurchsuchungen zu dem, was man in klassischen Krisenhandbüchern nachschlagen kann, wie sie inzwischen in den meisten Unternehmen vorliegen. Gerade deswegen bereiten sich viele Kommunikationschefs spezifisch darauf vor. Hier nur einige wichtige Punkte, die bei einer Hausdurchsuchung beachtet werden sollten (vgl. Sieber 2014a):

- Empfangspersonal vorab schulen und Eskalationsplan mit betroffenen Personen (u. a. Geschäftsführung, Rechtsabteilung, Compliance, Revision) regelmäßig durchsprechen.
- Im Ernstfall den Durchsuchungsbeschluss zeigen lassen (Datum, Durchsuchungsgrund, zu durchsuchende Räumlichkeiten).
- Entsprechenden Eskalationsplan starten: Geschäftsführung und Rechtsabteilung unmittelbar informieren, danach betroffene Fachbereiche und deren Führungskräfte.
- Warteraum für die Beamten bereitstellen, damit sie nicht mehr als gebührlich für Kunden oder Mitarbeiter sichtbar sind.
- Freundlich mit den Beamten umgehen und Kooperationsbereitschaft signalisieren.
- Keine Äußerungen machen, keine Fragen beantworten.
- Zeit gewinnen.
- Am besten keine Durchsuchung ohne Anwesenheit eines Anwalts und eines Kommunikationsprofis.
- Abgestufte Mitarbeiterkommunikation am Standort und (reaktives) Statement für die Medien vorbereiten.

Je nach Gefährdungslage des Unternehmens sollten sich Unternehmen durch spezifische Trainings und Simulationen auf solche Situationen vorbereiten. Wenn der Staatsanwalt klingelt, kommt es auf jede Sekunde an. Die Verunsicherung bei Mitarbeitern wächst und wenn Polizeibeamte Kisten hinaustragen, sind laufende Kameras meist nicht weit. Dann geht es nicht nur um juristische Klärung, sondern jetzt ist auch die Reputation in Gefahr.

Für Manager und Unternehmenssprecher besteht in dieser Situation keine Auskunftspflicht. In der Öffentlichkeit hilft das aber in der Regel auch nicht. „Kein Kommentar" ist gegenüber den Medien keine Lösung (mehr), denn in den Ohren der Öffentlichkeit gelten diese beiden Worte oft schon als Schuldeingeständnis. Kooperationsbereitschaft und Transparenz sind nun die Wörter der Stunde. Die

Kunst liegt allerdings darin, in dieser Situation den schmalen Grat zwischen dem juristisch Möglichen und dem kommunikativ Gebotenen zu finden. Pauschale Empfehlungen gibt es für diese Situation leider nur wenige: Versuchen Sie Zeit zu gewinnen – Zeit schafft Spielraum, um unklare Fakten zu klären. Korrigieren Sie offensichtliche Falschaussagen. Stellen Sie die bekannten Fakten einfach und klar dar – und halten Sie diese Linie. Und vor allem: Kommt eine Hausdurchsuchung auch nur entfernt in den Bereich des Möglichen, dann bereiten Sie sich darauf vor. Wenn es ernst wird, kommt es auf jede Minute an. Dann sollten ein Eskalationsplan und eine Sprachregelung bereitliegen.

5.8   Internationalisierung der Litigation-PR

Gerichtsreportagen – das waren im 20. Jahrhundert meist Berichte aus deutschen Gerichtssälen mit Rechtsstreiten über deutsches Recht gerichtet an eine deutsche Öffentlichkeit. Das änderte sich in den letzten Jahrzehnten. Die wachsende internationale Verflechtung staatlicher und wirtschaftlicher Institutionen nimmt Einfluss darauf, wie und worüber rechtlich gestritten wird. Seit einigen Jahren sehen wir, dass die Zahl internationaler Rechtsstreite stetig zunimmt, denn immer mehr multinationale Unternehmen sind in Rechtsstreitigkeiten im Ausland verwickelt und dort mit deren Gerichtsbarkeiten konfrontiert. Aber auch hierzulande wird das materielle Recht, das in einem Rechtsstreit berücksichtigt werden muss, immer vielfältiger. Heute kommen im Kontext der Internationalisierung und Europäisierung eine Vielzahl unterschiedlicher Rechtsnormen ins Spiel. Das umfasst nicht nur traditionelle Bereiche wie das Völkerrecht, sondern auch das Europarecht und vieles mehr.

In der Konsequenz verändert sich nicht nur die Rechtsauslegungs- und Gerichtspraxis für die beteiligten Anwälte und Justiziare. Auch für die interessierte Öffentlichkeit, für die beteiligten Medien und Journalisten steigt die Komplexität und der Erklärungsbedarf – und in der Konsequenz verändern sich auch die Anforderungen an die Litigation-PR. Ein deutlich höherer Kommunikationsbedarf zeichnet sich hier ab etwa durch:

- fremdes Rechtsgut, das an deutschen Gerichten verhandelt wird,
- Rechtsstreitigkeiten im Ausland, die den Handlungsspielraum deutscher Unternehmen einengen,
- Rechtsstreitigkeiten, die einer internationalen Gerichtsbarkeit, wie etwa dem Europäischen Gerichtshof, unterfallen, und
- Klagen, die im Zusammenhang mit Menschenrechts-Compliance stehen, sogenannte Climate-Change- und Human-Rights-Litigation-PR-Fälle.

All das führt zu neuen Streitpraktiken und unternehmerischen Handlungszwängen. Auch die Anwaltskanzleien sind inzwischen international vernetzt tätig. Sie kennen und nutzen die Möglichkeiten, die sich durch internationale Prozessführung ergeben: Wer die Vor- und Nachteile verschiedener Rechtsstandorte kennt, kann sie taktisch einsetzen – und die multinationalen Kanzleien spielen mittlerweile souverän auf dieser Klaviatur. Ein Beispiel ist das sogenannten „Forum-Shopping" – das systematische Abwägen nebeneinander bestehender internationaler Gerichtszuständigkeiten. Man kann eine gerichtliche Entscheidung entweder forcieren oder auch blockieren – je nach Interessenlage der Streitparteien –, indem man den Rechtsstreit innerhalb der EU in ein Land verschiebt, wo die günstigsten Rahmenbedingungen vorherrschen. Das kann unterschiedliche Gründe haben: Will man den geringstmöglichen Schaden, sucht man das Land mit der laxesten Gerichtsbarkeit; will man maximale Öffentlichkeit, dann geht man an einen Ort, an dem Medienkampagnen am lautesten einschlagen – etwa in London; will man einen Fall auf Jahre hinaus blockieren, dann gibt es auch hier Länder, in denen die Gerichte wegen notorischer Überlastung den Fall auf Jahre hinaus nicht anfassen werden.

Solche Taktiken sind für die Meinungsführer in einer nationalen Öffentlichkeit wie in Deutschland oft schwer durchschaubar. In einem solchen Fall kommt der Litigation-PR eine neue und äußerst komplexe Erklärungsrolle zu.

5.8.1 Fremdes Rechtsgut im nationalen Rechtsstreit

Im Dezember 2012 kündigt die österreichische Hypo Alpe Adria Bank (HGAA) an, bis auf Weiteres keine Zins- und Tilgungsleistungen mehr für einst gewährte Kredite an die ehemalige Konzernmutter, die Bayerische Landesbank, zurückzuzahlen. Es geht dabei um hohe Summen: 2,3 Milliarden Euro sind noch offen. In München ist man entsetzt. Der Freistaat Bayern hatte wegen des Hypo-Abenteuers der BayernLB bereits Milliarden an Bürgschaften verloren. Ein schmerzhafter parlamentarischer Untersuchungsausschuss hatte gerade erst die Verantwortung der bayerischen Politik am Managementversagen der Bank aufgearbeitet.[3]

---

[3] Der Sachverhalt kann detailliert nachgelesen werden im Schlussbericht des Untersuchungsausschusses des Bayerischen Landtags *BayernLB/HGAA* (2011). Die Beschreibung des Rechtsstreits basiert auf Medienberichten in *Handelsblatt, F.A.Z.* und *Juve*. Eine Zusammenfassung findet man auch auf Wikipedia (o.J.-c).

Jetzt sollen also noch weitere Milliarden im Feuer stehen? Die BayernLB reagiert auf den Zahlungsstopp unmittelbar mit einer Klage beim Handelsgericht
München: 2,3 Milliarden Euro samt Zinsbelastung werden von den Österreichern
gefordert. Die Sache scheint für die Bayern klar: Vertrag ist Vertrag, demnach müssen die Österreicher zahlen. Das soll nun das Münchner Gericht feststellen.

Doch das eigentliche Problem ist komplizierter: Die Hypo Alpe Adria stuft die
geflossenen Kredite nach § 1 des österreichischen Eigenkapitalersatzgesetzes
(EKEG) als eigenkapitalersetzend ein und beruft sich darauf, dass die 3,1 Milliarden Euro in Zeiten der Krise geflossen seien, damit seien sie nicht zurückzuzahlen.
Mehrere Gutachten scheinen diese Sichtweise zu bestätigen. Für die Vorsitzende
Richterin Gesa Lutz ist das eine harte Nuss: Als deutsche Richterin an einem deutschen Gericht muss sie in einem hochpolitischen Fall nach österreichischem Recht
urteilen.

Das ist längst keine Ausnahme mehr. Immer mehr Unternehmen sind über die
Landesgrenzen hinweg aktiv. Das heißt auch, dass sie nicht mehr nur mit deutschem Recht, sondern auch mit anderen Rechtsinstituten konfrontiert werden.
Richterinnen und Richter müssen immer öfter anhand von solchem fremden
Rechtsgut urteilen, obwohl sie kraft ihrer Ausbildung darin gar nicht kompetent
sein können. Dafür gibt es inzwischen ein etabliertes Vorgehen: Die Gerichte müssen sich in so einer Situation das nötige Wissen über ein gerichtlich beauftragtes
Rechtsgutachten zugänglich machen. Im Umfeld der Rechtsvergleichung ist inzwischen ein lukratives Geschäftsfeld für kompetente Gutachter entstanden.

Das ist alles andere als trivial. Und natürlich haben solche Rechtsstreitigkeiten
auch großen Einfluss auf die Kommunikation der beteiligten Unternehmen. Es
kann dann für einen Litigation-PR-Experten durchaus sinnvoll sein, dass er die
entsprechenden Gesetzespassagen, in unserem Beispiel etwa aus dem österreichischen Eigenkapitalersatzgesetz (EKEG), im Rahmen einer Litigation-PR-Mappe zur Verfügung stellt. Auch Pressehintergrundgespräche mit Fach-
juristen, hier etwa Spezialisten für österreichisches Recht, können wertvoll sein.
Dann wird im Gespräch mit Journalisten nämlich schnell klar, dass, um im Beispiel
zu bleiben, ein österreichischer CEO gar nicht anders kann, als die Zahlung eines
solchen Kredites einzustellen, weil er sich andernfalls selbst dem Vorwurf der Untreue aussetzt. Die österreichische Perspektive ist also durchaus berechtigt. In so
einem Fall muss man in der Öffentlichkeit und Politik genau und feinfühlig die
juristischen Begebenheiten erklären. Es wird nicht einfacher, wenn die oft äußerst
komplexen Rechtsfragen in der öffentlichen Debatte mit einem Mantel von natio-
nalistischen Narrativen eingehüllt werden – was in diesem Fall sowohl die bayerische als auch die österreichische Seite versucht hat. Hier bekommt Litigation-PR
auch die Aufgabe einer Public Diplomacy.

Richterin Lutz hat sich übrigens in dem jahrelangen Rechtsstreit anders entschieden: Den Einwand der HGAA, die Zahlungen der BayernLB seien in der
Krise erfolgt, lässt sie nicht gelten. Der Sachverständige liefert das für sie entscheidende Argument: In dem Fall gelte zwar tatsächlich das österreichische
EKEG, für das Erkennen der Krise seien aber die damaligen aufsichtsrechtlich
geforderten Unterlagen, etwa Jahresabschlüsse, maßgeblich, und darin sei eine
echte Schieflage nicht erkennbar gewesen. Wie das Duell in nächster Instanz
weitergegangen wäre, wissen wir nicht – die Parteien haben das Problem schließlich durch eine außergerichtliche Einigung beigelegt. Mancher Journalist wird sich
gedacht haben: schade eigentlich.

5.8.2 Internationale Gerichtsbarkeit

Das Jahr 2020 endete für die europäische Automobilindustrie mit einem Pauken-
schlag: Seit Jahren werden quer über den Kontinent Rechtsstreitigkeiten über den
sogenannten Abgasskandal geführt, in den zahlreiche Unternehmen der Automobilindustrie verstrickt sind. Im Fokus stehen dabei sogenannte Abschalteinrichtungen, worunter man im Fahrzeugbau eine Vorrichtung versteht, welche die
Abgasreinigung abschaltet oder zumindest in ihrem Wirkungsgrad stark reduziert.
Einige Fahrzeugbauer hatten solche Einrichtungen genutzt, um die Emissions-
werte ihrer Fahrzeuge auf dem Prüfstand bei Zulassungstests zu schönen. Die amerikanischen Zulassungsbehörden waren dem Ganzen 2015 auf die Schliche gekommen. Seitdem wird das Thema Abgasreinigung bei Dieselverbrennungsmotoren
in einer denkbar breiten Öffentlichkeit quer durch Europa diskutiert. Eine umstrittene Frage dabei lautet: Darf man Fahrzeuge mit sogenannten Abschalteinrichtungen auf den Markt bringen? In den nationalen Jurisdiktionen besteht darüber genauso große Unklarheit wie in den Medien. Nur in einem ist man sich unter
Journalisten und Klägeranwälten schnell einig: Die Autokäufer sind die Dummen.
    Schließlich landet das Thema auch vor dem Europäischen Gerichtshof (EuGH).
Die Luxemburger Richter kommen in ihrem Urteil vom 17. Dezember 2020 zu
einem überraschend klaren Schluss: Die in Millionen Pkw eingebauten sogenannten Abschalteinrichtungen seien illegal. Fahrzeughersteller dürften keine
Software in Motoren verwenden, die systematisch die Leistung des Systems zur
Emissionskontrolle bei Zulassungstests verbessere. So weit, so klar. Neu ist hingegen: Die Unternehmen könnten sich auch nicht mehr damit herausreden, dass sie
die Abschaltvorrichtungen angeblich zum Motorschutz bräuchten, urteilen die
Richter.

Die Medienberichterstattung zu dem Thema ist längst unübersichtlich. In dem Dschungel an (inter-)nationalen Gerichtsurteilen scheint kaum noch ein Journalist durchzublicken. Die zahlreichen Klägeranwälte bringen längst ihren eigenen Spin in die öffentliche Debatte. Dass der EuGH hier vermeintlich Klarheit geschaffen hat, wird von den Medien dankbar zur Kenntnis genommen. Aber ist das wirklich so?

Der EuGH kann von einem Mitgliedsstaat, einem Organ der EU sowie von unmittelbar und individuell betroffenen natürlichen und juristischen Personen angerufen werden. Jede Bürgerin und jeder Bürger kann sich also an den EuGH wenden. Dies ist besonders für sogenannte Vorabentscheidungen relevant, denn die Kläger können vor den nationalen Gerichten darum bitten, dem EuGH eine Rechtsfrage zur Auslegung und Anwendung eines EU-Gesetzes vorzulegen. Wichtig für die nationale Rechtsprechung sind die sogenannten Vorabentscheidungsverfahren. Auch die Gerichte der Mitgliedsstaaten können dem EuGH Fragen zur Auslegung vorlegen, bevor sie in der Sache eine Entscheidung treffen. Das Urteil des EuGHs zur Auslegung des europäischen Rechts ist dann für dieses nationale Gericht verbindlich. Insofern haben diese Urteile durchaus ein großes Gewicht – und sie unterstreichen die zunehmende Bedeutung internationaler Gerichtsbarkeit.

Unter einem internationalen Gericht versteht man ein Organ der Rechtsprechung, dessen Träger mehrere Staaten und/oder internationale Organisationen sind. Die Richter haben verschiedene Staatsangehörigkeiten und sie werden von den Trägern des Gerichtes beziehungsweise seinen Mitgliedern gewählt. Inzwischen gibt es eine Vielzahl von internationalen Gerichten. Hierzu gehören universelle Gerichte wie der IGH, regionale Gerichte wie der EuGH, Gerichte für Menschenrechte wie das EGMR oder für internationales Strafrecht wie der IStGH – um nur einige zu nennen. Von Bedeutung sind unter anderem der:

- **Internationaler Gerichtshof (IGH)** – das Hauptrechtsprechungsorgan der Vereinten Nationen (UN) wurde auf der Grundlage der Charta der Vereinten Nationen errichtet. Der Gerichtshof hat die Aufgabe, die von den Vertragsstaaten bei ihm anhängig gemachten Rechtsstreitigkeiten nach internationalem Recht beizulegen und Gutachten zu den Rechtsfragen zu erstatten, die ihm von den Organen der Vereinten Nationen vorgelegt werden.
- **Europäischer Gerichtshof (EuGH)** – mit Sitz in Luxemburg ist das oberste rechtsprechende Organ der Europäischen Union (EU). Nach Art. 19 Abs. 1 Satz 2 Vertrag über die Europäische Union (EUV) sichert er „die Wahrung des Rechts bei der Auslegung und Anwendung der Verträge". Zusammen mit dem **Gericht der Europäischen Union (EuG)** bildet er das Gerichtssystem der

Europäischen Union, das im politischen System der Europäischen Union die Rolle der Judikative einnimmt.

- **Europäischer Gerichtshof für Menschenrechte (EGMR)** – der im Rahmen des Europarates errichtete Gerichtshof soll sicherstellen, dass die in der Europäischen Menschenrechtskonvention verbrieften Rechte beachtet werden.
- **Internationaler Strafgerichtshof (IStGH)** – Er ist ein unabhängiges, ständiges Strafgericht, das über Personen richtet, die wegen schwerster Verbrechen von internationalem Belang – Völkermords, Verbrechen gegen die Menschlichkeit und Kriegsverbrechen – bei ihm unter Anklage gestellt wurden.

Die Bedeutung von internationalen Gerichten wie dem EuGH nimmt kontinuierlich zu, denn seine Urteile dienen dazu, dem vorlegenden nationalen Gericht die Entscheidung im vorgelegten Fall zu erleichtern. Grundsätzlich bindet die EuGH-Entscheidung durch die Auslegung des Rechts der Europäischen Union nur das anfragende Gericht, dessen Urteil wiederum theoretisch nur für den entschiedenen Einzelfall gilt. Im oben geschilderten Fall wurde das EuGH-Verfahren durch das französische Tribunal de Grande Instance vorgelegt. Streng genommen bindet dieses Urteil also nur dieses Gericht in diesem konkreten Fall.

Die tatsächliche Wirkung eines EuGH-Urteils ist jedoch ungleich größer. Sie geht weit über den einzelnen Sachverhalt, der zur Vorlage geführt hat, hinaus. Da der EuGH für alle Mitgliedsstaaten verbindlich das Recht der EU auslegt, gilt die Norm so, wie sie durch die im Urteil verkündete Auslegung zu verstehen ist, für alle Mitgliedsstaaten und – in der Regel – auch rückwirkend.

Insofern hat das Luxemburger Urteil zu Abschalteinrichtungen weitreichende Folgen: Nationale Gerichte müssen sich daran europaweit orientieren. Doch so klar, wie das klingt, ist die Sache nicht. Der Teufel liegt wie so oft im Detail. Gilt das Urteil nur für den Motorentyp, der am Tribunal de Grande Instance verhandelt wurde? Eigentlich nicht, denn im Urteil der Richter ist davon keine Rede, aber ist da nicht vielleicht doch eine Rechtslücke? Was ist eigentlich mit „zulässigen" Abschalteinrichtung, die es ja auch gibt? Die Richter haben sich zwar klar über Abschalteinrichtungen geäußert, nicht aber zum sogenannten Thermofenster (Abgassystem, bei dem die Abgasreinigung außerhalb eines vorgegebenen Temperaturbereichs und ab einer bestimmten Höhenlage gestoppt wird) – fällt das auch darunter? Der EuGH-Generalanwalt stufte in einem Gutachten vom 23. September 2021 die bei verschiedenen Autobauern eingesetzten Thermofenster als unzulässig ein – so weit, so konsequent. Aber: Er sieht in seinem Schlussplädoyer auch einige Ausnahmen. Unter welchen Umständen dürfen Thermofenster jetzt also genutzt werden?

Der Streit ums saubere Abgas dürfte noch eine Weile weitergehen. Litigation-PR-Experten benötigen hier gute Nerven. Ein sicheres Verständnis der Rechtslage ist an dieser Stelle genauso gefragt wie Fingerspitzengefühl im Umgang mit den Stakeholdern und Kunden – denn die gilt es bei der Stange zu halten, auch wenn die Autobauer, was die Abwehr der Klagen anbelangt, verständlicherweise eine klare Haltung haben. In dem Maß, wie der Einfluss internationaler Gerichte auf die Rechtsprechung steigt, müssen sich auch die Kommunikationsexperten auf immer komplexere Fragen der Journalisten einstellen – mindestens das beweist dieses Beispiel.

5.8.3 Pre-Trial Discovery und Compliance-Monitoring

Immer häufiger werden deutsche Unternehmen im Ausland in Rechtsstreitigkeiten verwickelt, die sich auch auf den Heimatmarkt auswirken. So müssen zahlreiche deutsche Autobauer der Öffentlichkeit regelmäßig erklären, warum sie im Zusammenhang mit Abgasmanipulationen im Ausland rechtlich belangt werden. Ermittlungsverfahren und Klagen gegen deutsche Unternehmen im Hinblick auf den Abgasskandal gibt es etwa in den USA, Frankreich, Italien, Spanien und Belgien. Deutsche Verbraucher und deren Anwälte verfolgen genauestens, was hier entschieden wird. Nicht selten können die Klägeranwälte Analogien ziehen, die auch bei Verbraucherklagen in Deutschland wertvoll erscheinen. Die Litigation-PR muss in solchen Fällen international sprechfähig werden.

Hier können immer wieder Missverständnisse entstehen, da in den benachbarten Ländern nicht nur andere Gesetze gelten, sondern auch andere rechtliche Vorgehensweisen möglich sind. Im US-Rechtsraum führt man beispielsweise **Pre-Trial Discoveries** durch. So etwas sieht das deutsche Zivilprozessrecht nicht vor und das fordert auch die Kommunikatoren auf völlig neue Weise, denn natürlich findet all das in aller Öffentlichkeit statt (Sieber 2017a, c; Rudolph 2020) und erfordert neue, angemessene Kommunikationsmaßnahmen.

Im Falle einer Discovery sind die Parteien nach amerikanischem Recht verpflichtet, einander die Beweismittel zur Vorbereitung einer Verhandlung zu zeigen, auf die sie sich später berufen wollen. Bei einer solchen „vorprozessualen Sachverhaltserforschung" (Pre-Trial Discovery) sammeln die Prozessparteien Fakten zum Fall, um danach Informationen und Dokumente aus in einem Umfang, der in Deutschland unbekannt ist, auszutauschen. Dabei werden dann nicht nur unmittelbar fallrelevante Informationen ausgetauscht. Es geht mehr oder weniger um alles: Korrespondenz, E-Mails, Memos, Vertragsentwürfe und so weiter. In großen Zivilprozessen werden Lastwagenladungen und Gigabyte an Dokumenten und Informationen ausgetauscht – was so ganz nebenbei auch eine gewaltige Herausforderung für die investigativen Teams darstellt.

Das kann zu ungewöhnlichen Prozesstaktiken führen. Durch eine Discovery können Kläger auch ohne den Besitz eigener Beweise ihre Ansprüche geltend machen, wenn sie damit rechnen dürfen, die nötigen Beweismittel bei der Gegenseite zu finden. Da das in Deutschland in dieser Form nicht geht, versuchen inzwischen deutsche Kanzleien, durch Discovery-Verfahren gegen deutsche Hersteller in den USA an Informationen zu gelangen, die sie dann hier in Deutschland verwenden können. Ein Litigation-PR-Experte muss in so einer Situation einer deutschen Öffentlichkeit erklären, warum Unternehmen in den USA komplett die Hosen herunterlassen, während man hier weiter mauert. Das sorgt regelmäßig für Verstimmung bei den Medien.

Deutsche Wirtschaftsjournalisten wissen allerdings genau, dass man in den USA viel leichter an Informationen kommt als bei den hiesigen Konzernzentralen – und auch sie nutzen ihre Möglichkeiten: Amerikanische Kanzleien haben inzwischen exzellente Kontakte zu den Investigativressorts europäischer Medien – und Journalisten interessieren sich sehr für Entwicklungen, durch die deutsche Manager unter Druck geraten können. Über solche Kanäle landen inzwischen gar nicht selten kritische Informationen in den Schlagzeilen.

Manchmal kommt der Revisor auch komplett ins Haus: Ob Daimler, Bilfinger oder VW – sie alle haben Post vom amerikanischen Justizministerium bekommen und standen für geraume Zeit direkt unter amerikanischer Rechtskuratel. Steht der Monitor ins Haus, reagieren betroffene Unternehmen mit einer Mischung aus wachsendem Stress und zur Schau getragener Gelassenheit. „Nichts Neues", meint ein Firmeninsider, der nicht zitiert werden will. „Das ist primär kein kommunikatives, sondern ein juristisches Problem. Und als solches muss es eben professionell gemanagt werden." Aber die Gelassenheit trügt.

Ein **Compliance-Monitorship** ist meist Teil einer Vereinbarung zwischen US-Behörden und dem Unternehmen über eine endgültige (Non-Prosecution Agreement) oder vorübergehende (Deferred Prosecution Agreement) Aussetzung des Strafverfahrens gegen das Unternehmen. Der Monitor soll als fachkundiger unabhängiger Dritter das Unternehmen prüfen und bewerten, ob die Einhaltung der Gesetze nunmehr sichergestellt ist. Üblicherweise untersucht der Monitor dazu die Angemessenheit und Effektivität der Compliance-Maßnahmen des Unternehmens in den Gebieten, die Anlass für die Strafverfolgung gaben – und er hat dabei nicht selten weitgehende Befugnisse.

De facto sind in so einem Fall deutsche Manager kaum mehr Herr im eigenen Haus, denn amerikanische Justizbeamte beginnen dann, in den Firmenzentralen zu graben. Dabei ziehen sie keine Samthandschuhe an. „In Springerstiefeln und in

Wild-West-Manier", so beschreibt es die Düsseldorfer Anwältin Anne Wehnert, seien amerikanische Anwälte in Wirtschaftsstrafverfahren als interne Ermittler durch deutsche Unternehmen gezogen. „Sie kennen nicht das deutsche Rechtssystem. Sie kennen nicht die deutsche Strafprozessordnung, aber sie ziehen durch" (Fromm 2017).

Das wird schnell zu einem kommunikativen Problem. Denn nicht nur in den Medien, sondern auch intern muss man den Mitarbeitern erklären, was der Monitor im Hause tut. Sie müssen wissen und verstehen, welche Informationsverpflichtungen man plötzlich hier und diesseits des Atlantiks hat. Kommunikatoren dürfen dieses Feld nicht den Juristen überlassen. Denn während sich die Justiziare angesichts der äußerst komplexen Materie immer häufiger in den juristischen Elfenbeinturm einschließen oder hinter Kanzleien verschanzen, bildet sich die Öffentlichkeit, als Ansammlung juristischer Laien, ihre eigene Meinung – und man sollte besser davon ausgehen, dass die Gegenseite an dieser Meinungsbildung aktiv mitwirkt.

Die Aufgabe eines Litigation-PR-Experten ist es daher, diese juristischen Sachverhalte immer wieder zu erläutern, einzuordnen und zu bewerten. Denn die Öffentlichkeit interessiert sich für solche transatlantischen Rechtsstreite. In den Medien existiert dafür längst ein Narrativ: Die US-Justiz agiere hier, das sagen mittlerweile viele Kritiker, als Weltstaatsanwalt. Schnell ist vom amerikanischen Justizimperialismus die Rede (Sieber 2017a, c). Auch hier gilt: Die Debatte durch nationalistische Stereotype aufzuladen, mag kurzfristig eine reizvolle Taktik im Umgang mit bestimmten Medien sein, langfristig vergiftet das aber nur das Klima.

Die betroffenen Unternehmen sollten sich auf eine kontinuierliche, authentische und transparente Kommunikation konzentrieren. Die Finten internationaler Wirtschaftsstreitigkeiten lassen sich nicht nach einer einfachen Blaupause bewerten. Hier ist langfristige, transparente und innovative Litigation-PR gefragt – gerade in Zeiten wachsender Herausforderungen einer Internationalisierung des Rechts.

5.8.4 Human-Rights- und Climate-Change-Litigation-PR

Im März 2015 erreicht ein unscheinbarer Brief die Zentrale des Essener Energiekonzerns RWE: Der peruanische Bergführer und Landwirt Saúl Luciano Lliuya verlangt von dem Energieriesen eine Beteiligung an Bauvorhaben in seiner Heimatstadt. Es geht um potenzielle Umweltschäden, die in dem peruanischen Ort Huaraz entstehen könnten. Durch den Klimawandel würden die Andengletscher schmelzen, das Wasser sammle sich im See Palcacocha und drohe die Stadt zu überfluten.

Die Forderung ist mäßig: Gerade einmal 17.000 Euro fordert der Mann aus den Anden. Das ist nichts im Vergleich zu anderen Rechtsstreitigkeiten. In Essen bleibt man dementsprechend gelassen: Ende April 2015 kommt ein Antwortschreiben des Konzerns in Peru an. Darin weist RWE eine Verantwortung für den geschilderten Sachverhalt zurück – zudem gebe es auch gar keine Rechtsgrundlage für die Forderung.

Doch Lliuya gibt sich damit nicht zufrieden. Zusammen mit seiner Anwältin Roda Verheyen argumentiert er, dass RWE als Betreiber von Kohle- und Gaskraftwerken zu den weltweit größten CO_2-Emittenten zähle und dadurch für den Klimawandel mitverantwortlich sei, der zum Abschmelzen des Gletschers führe. RWE sei für 0,47 Prozent der weltweiten Treibhausgasemissionen verantwortlich, dementsprechend solle RWE auch ein halbes Prozent der notwendigen Schutzmaßnahmen in seinem Gemeindeverbund bezahlen. Am 24. November 2015 reicht der Man aus Peru schließlich beim Landgericht Essen Klage gegen RWE ein. Als größte Hürde für die Kläger gilt die Frage der Kausalität. Wissenschaftlich ist der Zusammenhang zwischen Treibhausgasemissionen und der weltweiten Gletscherschmelze zwar gut gesichert, die Zuordnung des konkreten Risikos eines Einzelereignisses wie das am Palcacochasee zum Klimawandel ist allerdings problematisch. Auch die rechtliche Zuschreibung eines solchen Schadens zu einem einzelnen Emittenten erscheint vielen Juristen fragwürdig. Am 15. Dezember 2016 wies das Landgericht die Klage daher in erster Instanz ab, weil es „keine lineare Verursachungskette zwischen der Quelle der Treibhausgase und dem Schaden" gebe.[4]

Solche Fälle häufen sich: Rechtsstreitigkeiten auf der Basis der Menschenrechte nehmen in vielen Ländern zu, und dazu gehört explizit auch die Einhaltung von Umwelt- und Klimaschutzstandards. Klagen wie die in Essen sind brisant: Ein Präzedenzfall könnte erhebliche Folgen haben. Das dürfte zu einer Herausforderung für viele Unternehmen werden.[5] Denn die politischen Instanzen in der westlichen Welt drängen immer stärker darauf, dass multinational agierende Konzerne auf die Durchsetzung der Menschenrechte in ihrem ökonomischen Einflussbereich achten. Der Druck auf die Unternehmen wächst, eine Menschenrechts-Compliance zu etablieren, die sicherstellt, dass die Einhaltung der

---

[4] Der Streit läuft noch und eine anschließende Berufung beim Oberlandesgericht Hamm war erfolgreich: Das Gericht beschloss am 30. November 2017 den Eintritt in die Beweisaufnahme. Der Fortgang des Prozesses ist u. a. nachzulesen in dem Wikipedia-Eintrag „Saúl Luciano" (o.J.-g).

[5] Einen Überblick bietet der regelmäßig erscheinende Global Human Rights Litigation Report, herausgegeben von der Open Society Foundations (Open Society 2021).

Menschenrechte weltweit im gesamten Wirkungsbereich ihrer ökonomischen Tätigkeit gewährleistet ist.

Das ist zunächst einmal eine positive Entwicklung. Allerdings steigen auch die Prozessrisiken für die betroffenen Unternehmen erheblich. Zum einen ist es gar nicht so einfach, die Lieferketten in dritter oder vierter Instanz effektiv zu monitoren, insbesondere, wenn man an die Einhaltung von Compliance-Anforderungen in Staaten denkt, die es mit den Menschenrechten nicht so genau nehmen. Viele multinationale Konzerne haben diesbezüglich schon seit Jahren entsprechende Klauseln in die Lieferverträge ihrer Supplier aufgenommen – nicht immer mit durchschlagendem Erfolg. Sie werden diese Regeln in Zukunft konsequenter überwachen und Verstöße entsprechend sanktionieren müssen. Das zumindest fordern immer mehr Menschrechtsbewegungen.

Hinzu kommt, dass Human-Rights- und Climate-Change-Litigation immer häufiger auch taktisch eingesetzt wird. Politische Gruppen und NGOs versuchen mit dem Mittel einer Menschenrechtsklage internationale Konzerne an einer Schwachstelle anzugreifen (Rüegger 2020; Sieber 2021b; Meeran 2021; Gharibian et al. 2021). Taktische Litigation kann grob nach ihren Zielsetzungen eingeteilt werden:[6]

- Gerichtsverfahren mit dem Ziel, Druck auf Gesetzgeber sowie politische Entscheidungsträger auszuüben: Kläger versuchen in Gerichtsverfahren zu erreichen, dass Lösungsansätze für den Klimawandel ambitionierter und umfassender werden.
- Gerichtsverfahren mit dem Ziel, vermeintliche oder tatsächliche gesetzgeberische und regulatorische Lücken zu schließen.
- Gerichtsverfahren mit dem Ziel, den Inhalt oder die Anwendung neuer oder bestehender Gesetze zu verändern.

Dabei steht der Ausgleich eines Schadens gar nicht unbedingt im Vordergrund, sondern es geht vielmehr um die politische Symbolwirkung.

Der Menschenrechtsschutz hat sich in den vergangenen Jahrzehnten zu einem hochspezialisierten Rechtsgebiet entwickelt. Die Einhaltung der Menschenrechte – das klingt nach dem juristischen Einmaleins. In der normalen Litigation-Praxis sind aber nur wenige Juristen damit wirklich vertraut, wenige Litigator kennen sich in dieser Welt der internationalen Abkommen wirklich gut aus.

---

[6] Umweltprogramm der Vereinten Nationen in Kooperation mit Columbia University, Sabin Center for Climate Change Law: The Status of Climate Change Litigation: A Global Review, deutsche Fassung: Klimawandel vor Gericht, Mai 2017.

Als erfolgversprechender Rechtsraum für eine solche taktische Menschrechts-
klage gelten unter anderem die Niederlande. Dort hatten am 1. Dezember 2020 die
Umweltschutzorganisationen Milieudefensie, Greenpeace und weitere Kläger
gegen den Mineralölhersteller Royal Dutch Shell geklagt. Sie wollten damit erreichen, dass Shell die Ziele des Pariser Übereinkommens einhalten müsse. In erster Instanz wies das Gericht am 26. Mai 2021 die Klagen der Einzelbürger zwar ab,
es gab jedoch den Klagen der Umweltorganisationen statt und verpflichtete Shell,
seine Kohlendioxidemissionen bereits bis zum Jahr 2030 um netto 45 Prozent im
Vergleich zu 2019 zu senken. Laut dem Gerichtsurteil sei Shell und auch die Unternehmen entlang der gesamten Wertschöpfungskette an die Einhaltung von
Menschenrechten, konkret das Recht auf Leben und auf Familie nach Art. 2 und 8
der Europäischen Menschenrechtskonvention, gebunden. Das verpflichte die zum
Konzern gehörenden Unternehmen ebenso wie Zulieferer und Endabnehmer zum
Klimaschutz.[7]

Das Urteil aus Den Haag gilt als bahnbrechender Erfolg für den Klimaschutz,
der auch viele andere Human-Rights-Kläger ermutigen dürfte – etwa im Bereich
der Lieferketten-Compliance. So hat beispielsweise der Oberste Gerichtshof des
Vereinigten Königreichs 2019 in einer bahnbrechenden Entscheidung gegen den
Bergbaukonzern Vedanta Resources PLC entschieden (Meeran 2021, S. VI u. pas-
sim): Eine Klage gegen ein sambisches Tochterunternehmen, des Betreibers einer
Kupfermine in Sambia wegen Umweltschäden, die vor Ort entstanden waren,
kann nun auch von den englischen Gerichten gegen den Mutterkonzern gerichtet werden.

Die betroffenen Unternehmen spüren zunehmend den heißen Atem der Gerichte
im Nacken – und zwar in ihrem Heimatmarkt. Die Urteile gegen Unternehmen wie
Shell oder Vedanta zeigen: Die Welt rückt immer enger zusammen. Betroffene in
allen Regionen der Welt, in denen ein Konzern tätig ist, haben das Recht, sich an
die Gerichte im Heimatland zu wenden. Die Schädigung kollektiver Güter, wie
etwa des Klimas, wird weltweit ebenso einklagbar wie Menschenrechtsver-
letzungen oder Umweltzerstörungen auf anderen Kontinenten. Angesichts der
drängenden Probleme in allen Teilen der Welt scheint dies als überfälliger Sieg für
Umwelt-, Klimaschutz- und Menschenrechtsbewegungen.

Dabei sind die rechtlichen Sachverhalte, um die es in derartigen Verfahren geht,
äußerst komplex, keinesfalls eindeutig und meist hochgradig erklärungsbedürftig.
Climate-Change- und Human-Rights-Litigation werden „auf der Zeile" nach vie-

---

[7] Der Streit läuft noch. Shell kündigte eine Berufung an. Der Fortgang des Prozesses ist u. a.
nachzulesen in dem Wikipedia-Eintrag „Milieudefensie u. a. gegen Royal Dutch Shell"
(o.J.-d).

len internationalen, völkerrechtlichen Vorschriften und Abkommen abgerechnet. Während, um im Beispiel von Vedanta zu bleiben, nationale Gesetzgeber in Sambia ebenso untätig bleiben wie der dortige Behördenvollzug, entsteht in England plötzlich eine äußerst komplexe Gemengelage paralleler und konfligierender Rechtsanforderungen.

Solche Menschenrechtsklagen verfügen über eine erhebliche emotionale und mediale Wucht: Der Vorwurf eines Menschenrechtsverstoßes reicht im öffentlichen Bewusstsein tiefer als eine normale Klage. Die Kläger wissen das in der Regel sehr genau und verbinden eine Menschenrechtsklage nicht selten mit einer lautstarken Litigation-PR. Wer sich in so einem Fall auch nur annähernd auf die Seite der Beklagten stellt, läuft ernste Gefahr, in das Kreuzfeuer hochmoralisierender Kritik zu geraten.

Eine Empfehlung für das kommunikative Vorgehen ist alles andere als trivial. Viel hängt von der Vorbereitung ab: Eine effiziente Compliance sollte erkennbar etabliert sein, eine eingespielte Zusammenarbeit zwischen Compliance und Kommunikation sollte schon lange vor einem Litigation-Fall erprobt, entsprechende Szenarien sollten eingespielt sein. Das gilt im Übrigen auch für Kontakte zu entsprechenden Stakeholder-Gruppe, denn im Krisenfall ist es meist zu spät, wenn man erst jetzt hektisch im Internet nach der Telefonnummer des nächsten Amnesty International Offices suchen muss.

Kommt es zu einer öffentlichen Auseinandersetzung, gelten im Grunde die gleichen Regeln, wie sie in diesem Buch schon häufiger vorgetragen wurden: Transparent, schnell, rechtlich präzise, aber emotional einfühlsam muss die Kommunikation sein. In solchen Fällen kommt es nicht darauf an, nach dem Wortlaut des Gesetzes „rechtzuhaben". Das interessiert angesichts eines mutmaßlichen Menschenrechtsverstoßes nur die beteiligten Juristen. In einem Human-Rights-Litigation-Fall geht es um moralische Werte und höhere Rechtsgüter. In den Climate-Change-Debatten geht es den betroffenen Parteien nicht selten um „Menschheitsfragen". So etwas lässt sich nicht durch Paragrafen aufwiegen. Hier ist vielmehr echte Aufklärung und glaubwürdiges Engagement an der Sache gefragt.

Die nächsten großen Litigation-Schlachten sind bereits absehbar: Etwa rund um das Lieferkettengesetz, das der Deutsche Bundestag im Juni 2021 beschlossen hat. Bei dessen Anwendung wird man sich aufgrund der integrierten Menschrechtskomponente in Zukunft häufig mit komplexen Rechtsfragen auseinandersetzen müssen, mit denen weder die Anwälte noch die Gerichte Erfahrung haben. In den öffentlichen Debatten über diese Fragen werden wir aber schnell hochmoralische Festlegungen und Urteile in den Medien sehen. Derartige Themen neigen zu einer emotionalen Aufladung. Unternehmen, die von Climate-Change- und Human-

Rights-Litigation-Fällen betroffen sind, werden sich in Zukunft gut vorbereiten müssen: Der Streit wird nicht nur im Gerichtssaal geführt und man wird den eigenen verantwortlichen Beitrag zum Schutz der Menschenrechte sowie zum Schutz des Klimas als Unternehmen in der Öffentlichkeit viel deutlicher und glaubwürdiger erklären müssen.

Acht Erkenntnisse zum Schluss

Zusammenfassung

Nachdem im vorangegangenen Kapitel acht typische Problemfelder der Litigation-PR vorgestellt wurden, möchte ich zum Abschluss noch acht Erkenntnisse vorstellen – zu jedem Problemfeld eine –, wie man an diese Aspekte herangehen sollte. Die Erfahrung zeigt: Kein Fall ist gleich. Was im einen Fall zum Erfolg geführt hat, muss im anderen noch lange nicht funktionieren. Aber es gibt schon Grundregeln, die als Richtschnur gelten können.

Erkenntnis 1: Analysieren, langfristig planen, schnell handeln

Bei der Planung einer Litigation-PR-Kampagne gilt es, die genauen Zielsetzungen der Streitparteien zu verstehen. Sie können bei Wirtschaftsstrafrechtsfällen völlig anders sein als in zivilrechtlichen Auseinandersetzungen. Kommunikation ist kein Selbstzweck. Eine Litigation-PR-Strategie muss langfristig auf die Verfahrensziele ausgerichtet sein und sich auch an den einzelnen Meilensteinen des Verfahrens orientieren. Kurzfristig gedachter Aktionismus bringt in der Regel nichts. Litigation-PR sollte schnell, spätestens aber zwei Wochen nach Beginn der Erstkommunikation der Gegenseite einsetzen. Danach besteht die Gefahr, dass sich Vorurteile in den Köpfen der Menschen bereits festgesetzt haben – und man einen langen aufwändigen Bergaufkampf führen muss. Erfolgversprechender ist immer ein aktives, offenes und transparentes Vorgehen – wenn die Rahmenbedingungen dies zulassen.

Erkenntnis 2: Auf das Reputationskonto achten
Vor Gericht gilt die Unschuldsvermutung: Jeder Beschuldigte hat ein Recht auf
Verteidigung – ohne Ansehen seiner Person oder der Schwere der ihm unterstellten
Tat. Das kann man so für die Litigation-PR leider nicht sagen. Im Gerichtssaal der
Öffentlichkeit gelten andere Regeln: Hier haben kritische Themen und umstrittene
Persönlichkeiten eine deutlich schlechtere Prognose – losgelöst von der Frage der
tatsächlichen Schuld. Daher muss eine Litigation-PR-Strategie nicht nur die gesell-
schaftliche Akzeptanz einer Tat bewerten, sondern auch, wie viel eine Persönlich-
keit (oder ein Unternehmen) bisher an Goodwill auf ihrem Reputationskonto
stehen hat. Beides sind wichtige Punkte bei der Planung einer Litigation-PR-
Kampagne – und beides kann auf den Erfolg oder Misserfolg einen maßgeblichen
Einfluss haben.

Erkenntnis 3: Die Kunst des Schweigens
Transparent, offen, schnell und proaktiv – so sieht erfolgreiche Kommunikation
aus. Im Gegensatz zur klassischen Krisenkommunikation gibt es in der Litigati-
on-PR allerdings immer wieder Situationen, in denen man nicht so agieren kann.
Im Gegenteil: Wenn es darum geht, Manager aus den Medien zu halten, kommt es
auf die richtige Dosis der Zurückhaltung an. Schweigen heißt nicht: „Nicht-
Kommunizieren." Es bedeutet, dass man gezielte Informationsangebote macht.
Man sagt nur das, was man sagen kann, und man sagt es nur dem, der diese Botschaft optimal transportieren kann. Das bedeutet auch, dass man Gespräche der
Medien mit Mandanten nur unter ausgewählten Bedingungen zulässt. Das ist viel
schwieriger als proaktives Handeln und es gibt keine Garantie für das optimale
Gelingen. Aber selbst dann ist es viel wirksamer, als die Kommunikation einfach
der Gegenseite zu überlassen.

**Erkenntnis 4: Über Probleme darf man nicht nur sprechen, sondern muss
sie lösen**
Kommt es zu einer Produktkrise, einem Rückruf oder in der Folge zu einem Haf-
tungsstreit, so ist es von zentraler Bedeutung, dass der Krisenstab ein Problem
nicht nur verwaltet, sondern auch löst. Dazu ist die Einhaltung des vorgeschriebe-
nen rechtlichen Prozederes genauso wichtig wie das Finden und Abstellen der Ursachen. Holen Sie dazu schnell alle möglichen Experten an den Tisch: nicht nur
Anwälte und Litigation-PR-Experten. Wenn es eng wird, braucht man die Expertise von Toxikologen, Materialwissenschaftler – wer auch immer Licht ins Krisen-
dunkel bringen kann, ist wichtig. Die Kommunikation kann eine Produktkrise begleiten. Sie kann dafür sorgen, dass die Punkte in der Öffentlichkeit ins rechte
Licht gerückt werden und dass eine öffentliche Debatte dazu klein bleibt. Kommu-

nikation kann ein Produktproblem aber nicht lösen. Eine Lösung des Problems, das die Krise ausgelöst hat, ist aber stets die beste Form der Kommunikation.

Erkenntnis 5: Erzählen Sie eine Geschichte

Rechtsstreitigkeiten stehen normalerweise nicht im Ruf, besonders visionsreich zu sein. Im Gegenteil: Der Ton in der Litigation-PR ist meist nüchtern, sachlich und faktenbasiert. Und das ist in der Darstellung der rechtlichen Fakten auch gut so. Wo sich Juristen aber um Blätter und Zweige streiten, da muss der Litigation-PR-Experte einen Wald schildern können: Er muss eine kohärente Geschichte erzählen, warum alles so gekommen ist, wie es gekommen ist. Und er muss, etwa im oben dargelegten Insolvenzfall, durchaus auch eine Vision entwerfen, wie sein Mandant aus der Krise herauskommen wird – idealerweise in einer Form, die für die Öffentlichkeit akzeptabel und sinnvoll erscheint.

Erkenntnis 6: Vermeiden Sie Streit mit den Medien – aber wenn schon streiten, dann richtig!

Der Rechtsstreit mit den Medien – aus der Sicht der Litigation-PR ist das immer nur die zweitbeste Lösung. Der Litigation-PR-Experte lebt davon, dass ihm die Journalisten vertrauen. Das ist schwierig, wenn man gleichzeitig gegen sie klagt. Es gibt aber Fälle, in denen medien- und äußerungsrechtliche Schritte sinnvoll und manchmal sogar alternativlos sind. Dann kommt es auf Vernunft, Augenmaß und eine strikte Rollenteilung an. Ein Rechtsstreit darf niemals die Reputation des Kommunikators beschädigen – diese ist sein zentrales Asset.

Erkenntnis 7: Standardsituationen üben

Kein Fall ist wie der andere und auch nach über 20 Jahren Krisenerfahrung werde ich immer wieder von Entwicklungen überrascht, die es so noch nicht gegeben hat. In der Litigation-PR ist es allerdings wie im Fußball: Es gibt Taktiken und Standardsituationen – die man nie oft genug üben kann. Wir haben das oben anhand von Hausdurchsuchungen durchgespielt. Aber im Grunde betrifft es viele Abläufe, über die man im konkreten Krisengeschehen nicht nachdenken müssen darf – sie müssen einfach sitzen.

Erkenntnis 8: Glaubwürdigkeit kommt an erster Stelle

Bei Litigation-PR geht es nicht primär um Fakten, sondern um Glaubwürdigkeit. Je komplizierter ein Fall ist, desto größer wird die Bedeutung der grundlegenden Akzeptanz einer Partei oder einer Streitsache. Man gewinnt die öffentliche Meinung nicht allein dadurch, dass man die besten oder die präzisesten Fakten liefert, man gewinnt auch keine Sympathien, wenn man gebetsmühlenartig wiederholt, dass man recht habe. Niemand mag Rechthaber. Man mag Menschen, die zu ihren Schwächen und Fehlern stehen. Eine verständliche, gut fundierte Aufarbeitung der juristischen Sachverhalte ist für die Litigation-PR Pflicht. Entscheidend ist etwas Anderes: Die Öffentlichkeit gewinnt man durch Haltung.

Literatur

Alexy, Robert. 2019 [1978]. *Theorie der juristischen Argumentation. Die Theorie des rationalen Diskurses als Theorie der juristischen Begründung.* 9. Aufl. Berlin: Suhrkamp.

Arzt, Clemens, und Simone Ruth-Schumacher. 2017. Überführen hoch- oder vollautomatisierter Fahrzeuge in den „risikominimalen Zustand". Anforderungen aus Produkthaftungs- und Zulassungsrecht. *RAW* 2: 89–99.

Bayrischer, Landtag. 2011. Untersuchungsausschuss BayernLB/HGAA 2010–2011. 29. März 2011. https://www.bayern.landtag.de/parlament/gremien/untersuchungsausschuesse/untersuchungsausschuss-bayernlb-/-hgaa/. Zugegriffen: 19.12.2021.

Bentele, Günter. 2016. *Zulässigkeit und Grenzen von Litigation-PR durch die Staatsanwaltschaft.* Marburg: Tectum.

Bernzen, Anna. 2020a. *Gerichtssaalberichterstattung. Ein zeitgemäßer Rahmen für die Arbeit der Medienvertreter in deutschen Gerichten.* Tübingen: Mohr Siebeck.

Bernzen, Anna. 2020b. Twitter und Live-Blogs aus dem Gerichtssaal. Eine Gerichtsreportage in 280 Zeichen. 13.06.2020. *LTO – Legal Tribune Online.* https://www.lto.de/recht/justiz/j/gerichte-twitter-blog-journalist-oeffentlichkeit-verbot/. Zugegriffen: 14.12.2021.

Bicsenbach, Peter. 2021. Cum-ex: Die Herausforderung ist der Rechtsstaat. 30. Juni 2021. *Börsen-Zeitung.* https://www.boersen-zeitung.de/cum-ex-die-herausforderung-ist-der-rechtsstaat-8364059c-d982-11eb-a47c-3500cff66eb5. Zugegriffen: 15.12.2021.

Boehme-Neßler, Volker. 2010a. *BilderRecht: Die Macht der Bilder und die Ohnmacht des Rechts. Wie die Dominanz der Bilder im Alltag das Recht verändert.* Berlin, Heidelberg: Springer.

Boehme-Neßler, Volker, Hrsg. 2010b. *Die Öffentlichkeit als Richter. Litigation-PR als neue Methode der Rechtsfindung.* Baden-Baden: Nomos.

Brunner, Claudia V., Susanne Grau und Sascha Brun. 2019. Entwicklung der Wirtschaftskriminalität. 16. September 2019. *Blog der Hochschule Luzern. Economic Crime.* https://

blog.hslu.ch/economiccrime/2019/09/16/entwicklung-der-wirtschaftskriminalitaet/. Zugegriffen: 14.12.2021.

Castendyk, Oliver. 1994. *Rechtliche Begründungen in der Öffentlichkeit. Ein Beitrag zur Rechtskommunikation in Massenmedien.* Wiesbaden: VS.

Christiansen, Per. 2012. Die Medien sollen es richten: Der rechtliche Rahmen für Litigation-PR. In: *Litigation-PR: Alles was Recht ist. Zum systematischen Stand der strategischen Rechtskommunikation,* Hrsg. Lars Rademacher und Alexander Schmidt-Geiger, 123–150. Wiesbaden: Springer VS.

Dickson, Caitlin. 2011. Amanda Knox Supporters vs. Jimmy Wales and Wikipedia. The murder suspect's advocates challenge Wikipedia's entry. In: *The Atlantic* https://www.theatlantic.com/national/archive/2011/03/amanda-knox-supporters-vs-jimmy-wales/349028/. Zugegriffen: 03.01.2022.

DRB. 2018. Pensionierungswelle rollt auf Justiz zu – Tausende Stellen fehlen, Deutsche Richterbund. Positionen, https://www.drb.de/positionen/themen-des-richterbundes/belastung. Zugegriffen: 07.01.2022.

Fassbach, Burkhard, 2020: Manager in der Krise: Asset Protection im Kontext der strengen Organhaftung, *Advisor Blog* https://sieber-advisors.de/manager-am-medienpranger-2/. Zugegriffen: 29.12.2021.

Fechner, Frank, Hrsg. 2012. *Zeugenbeeinflussung durch Medien: philosophische, psychologische und juristische Gedanken zu einem Aspekt der „Litigation-PR".* Ilmenau: Univ.-Verl.

Fiederer, Susanne, und Anabel Ternès. 2017. *Effiziente Krisenkommunikation – transparent und authentisch. Mit zahlreichen Praxisbeispielen.* Wiesbaden: Springer Fachmedien.

Fischer, Thomas. 2021. Cum-ex – Wo ist das Problem? 11. Juni 2021. *Börsen-Zeitung.* https://www.boersen-zeitung.de/wo-ist-das-problem-4a99a23c-ca9e-11eb-a788-2d7b029f4fce. Zugegriffen: 15.12.2021.

Friedrichsen, Gisela. 2010. Zwischenruf: „Litigation-PR" – Prozessführung über Medien? *Zeitschrift Für Rechtspolitik* 43 (8): 263–265.

Frankfurter Allgemeine Sonntagszeitung. 2013. Sport-Sonntagsfrage: „A Hund san's scho, lieber Herr Hoeneß". 29. April 2013. https://www.faz.net/aktuell/sport/sonntagsfrage/sport-sonntagsfrage-5-a-hund-san-s-scho-lieber-herr-hoeness-12166620.html. Zugegriffen: 19.12.2021.

Fromm, Thomas. 2017. Diesel-Skandal: Alles muss auf den Tisch. 16. Juli 2017. *Süddeutsche Zeitung.* https://www.sueddeutsche.de/wirtschaft/diesel-skandal-deutsche-unternehmen-zunehmend-im-fokus-der-us-justiz-1.3587697-2. Zugegriffen: 14.12.2021.

Gharibian, Armineh, Nadine Pieper und Johannes Weichbrodt. 2021. Climate Change Litigation – aktuelle Entwicklungen, In: Betriebs-Berater.

Guidon, Patrick. 2019. Wechselwirkung zwischen Medien und Gerichten. *Anwaltsrevue* 06/07: 271–274. https://anwaltsrevue.recht.ch/de/artikel/06arv0619the/wechselwirkungen-zwischen-medien-und-gerichten. Zugegriffen: 14.12.2021.

Haggerty, James F. 2012. The Origins and Current Status of Litigation-PR in the USA. In: *Litigation-PR: Alles was Recht ist. Zum systematischen Stand der strategischen Rechtskommunikation,* Hrsg. Lars Rademacher und Alexander Schmidt-Geiger, 41–56. Wiesbaden: Springer VS.

Hanke, Thomas, und Thomas Siegmund. 2017. Tom Enders: Der Airbuschef wehrt sich. 15.10.2017. *Handelsblatt.* https://www.handelsblatt.com/unternehmen/industrie/tomenders-der-airbus-chef-wehrt-sich/20458576.html?ticket=ST-485508-DjWebsdzelXFMZKUV6IZ-cas01.example.org. Zugegriffen: 14.12.2021.

Hermes, Jan. 2009. *Wechselwirkungen zwischen Produktsicherheitsrecht und Produkthaftungsrecht.* Hamburg: Kovač.

Höch, D., und C. Schertz. 2013. Strategische Rechtskommunikation – Grundfragen der Litigation PR aus anwaltlicher Sicht. In: *Anwaltliches Berufsrecht, Berufsethik und Berufspraxis*, Hrsg. R. Singer, 227–246. Baden-Baden: Nomos.Honig, Lorenz. 2021. Personenmarken im Bundestagswahlkampf. 25.8.2021. *FleishmanHillard Election Observer.* https://election-observer.de/2021/personenmarken-bundestagswahlkampf/. Zugegriffen: 20.02.2022.

Holzinger, Stephan, und Uwe Wolff. 2009. *Im Namen der Öffentlichkeit. Litigation-PR als strategisches Instrument bei juristischen Auseinandersetzungen.* Wiesbaden: Gabler.

Hubig, Marvin Damian. 2021. Die coole Exekutive von Twitter. *Junge Wissenschaft im Öffentlichen Recht*, 16. November 2021. https://www.juwiss.de/102-2021/. Zugegriffen: 14.12.2021.

Jung, Marcus. 2021. Soll ich Whistleblower werden? 16. Oktober 2021. *Frankfurter Allgemeine Zeitung*. https://www.faz.net/aktuell/wirtschaft/unternehmen/welche-risiken-man-als-whistleblower-beachten-sollte-17587385.html. Zugegriffen: 14.12.2021.

Jung, Marcus, und Fehr, Mark. 2021. EY erstattet Anzeige wegen Wambach-Bericht. *Frankfurter Allgemeine Zeitung*. 22. November 2021. https://www.faz.net/aktuell/wirtschaft/unternehmen/wirecard-skandal-ey-erstattet-anzeige-wegen-wambach-bericht-17647144.html. Zugegriffen: 07.01.2022.

Kepplinger, Hans Matthias. 2001. *Die Kunst der Skandalisierung und die Illusion der Wahrheit.* München: Olzog.

Kepplinger, Hans Matthias. 2005. *Die Mechanismen der Skandalisierung. Die Macht der Medien und die Möglichkeiten der Betroffenen.* 2. Aufl. München: Olzog.

Kepplinger, Hans Matthias, und T. Zerback. 2009. Der Einfluss der Medien auf Richter und Staatsanwälte. *Publizistik* 54: 216–239.

Kepplinger, Hans Matthias. 2012. *Die Mechanismen der Skandalisierung. Zu Guttenberg, Kachelmann, Sarrazin & Co. Warum einige öffentlich untergehen – und andere nicht.* Überarb. Neuaufl. München: Olzog.

Kepplinger, Hans Matthias, und Pablo Jost. 2020. Relevanz der Medieneffekte auf Angeklagte und Zeugen für Urteile in Strafverfahren. In: *Litigation-PR. Wie Krisenkommunikation im Gerichtssaal der Öffentlichkeit funktioniert*, Hrsg. Martin Wohlrabe, S. 181–194. Wiesbaden: Springer Gabler.

Klindt, Thomas, und Tina Glasl. 2012. *Krisenfall Produktrückrufe. Erfolgreiches Management – Recht – Kommunikation.* Stuttgart et al.: Boorberg.

Klindt, Thomas. 2014a. The Fast & The Furious: Live-Tweets aus dem Gerichtssaal. 24. November 2014. *Kom. Magazin für Kommunikation.*

Klindt, Thomas. 2014b. Sorry, aber hier wird sich nicht entschuldigt. 9. Oktober 2014. *Kom. Magazin für Kommunikation.* https://www.kom.de/recht/the-fast-the-furious-live-tweets-aus-dem-gerichtssaal-2/. Zugegriffen: 14.12.2021.

Klindt, Thomas, und Susanne Wende. 2014 [2012]. *Rückrufmanagement. Ein Leitfaden für die professionelle Abwendung von Krisenfällen.* 3. Aufl. Berlin, Wien, Zürich: Beuth.

Knight, Rory, und Deborah Pretty. 2001. *Reputation & Value. The Case of Corporate Catastrophes.* Oxford: Metrica.

Krause, M., M. Baron und A. Kahl. 2014. Statistik als Baustein in Gefährdungsbeurteilung und Risikobewertung. *Gefahrstoffe – Reinhaltung der Luft* 74 (6): 227–234.

Krauskopf, Patrick, und Seraina Gut. 2020. Litigation-PR – Minimierung des kartellrechtlichen Schadenersatzrisikos. In: *Litigation-PR. Wie Krisenkommunikation im Gerichtsaal der Öffentlichkeit funktioniert*, Hrsg. Martin Wohlrabe, 209–220. Wiesbaden: Springer Gabler.

Lehr, Gernot. 2020. Kritische Medienberichterstattung – Kein Schicksal für Unternehmen, In: *Litigation-PR. Wie Krisenkommunikation im Gerichtsaal der Öffentlichkeit funktioniert*, Hrsg. Martin Wohlrabe, 49–58. Wiesbaden: Springer Gabler.

Liesem, Kerstin. 2018. Der Verdacht. Strategische Kommunikation der Justiz im Strafverfahren, In: *Die Macht der strategischen Kommunikation*, Hrsg. Kerstin Liesem und Lars Rademacher, S. 161–174. Baden-Baden: Nomos.

Meeran, Richard, Hrsg. 2021. *Human Rights Litigation against Multinationals in Practice*. Oxford: OUP.

Meinecke, Fabian. 2020. Steuerstrafrechtliche Selbstanzeigen von Prominenten – mediale und rechtliche Steuerungselemente. In: *Litigation-PR. Wie Krisenkommunikation im Gerichtsaal der Öffentlichkeit funktioniert*, Hrsg. Martin Wohlrabe, S. 121–130. Wiesbaden: Springer Gabler.

Möhrle, Hartwin. 2016. *Krisen-PR. Risiken und Krisen souverän managen: Das Handbuch der Kommunikations-Profis*. 3. Aufl. Frankfurt: Frankfurter Allgemeine Buch.

Müller, Martin U. 2020: Wie ein Medienskandal entsteht, In: *Litigation-PR. Wie Krisenkommunikation im Gerichtsaal der Öffentlichkeit funktioniert*, Hrsg. Martin Wohlrabe, S. 67–75. Wiesbaden: Springer Gabler.

Murmann, Christoph. 2016. Rückruf-Katastrophe für Mars, In: *Lebensmittel Zeitung 24. Februar 2016*. https://www.lebensmittelzeitung.net/industrie/nachrichten/Millionen-Produkte-betroffen-Mars-raeumt-nach-Rueckfaktion-Fehler-ein-122173. Zugegriffen: 07.01.2022.

Open Society. 2021. 2021 Global Human Rights Litigation Report. 22. Juni 2021. https://www.justiceinitiative.org/publications/2021-global-human-rights-litigation-report. Zugegriffen: 19.12.2021.

Perugia Murder File. o.J. https://www.perugiamurderfile.net/. Zugegriffen: 15.12.2021.

Peters, Patrick. 2019. Insolvenzkommunikation. Wie kommuniziert man eine Insolvenz richtig? 20. März 2019. *Kom. Magazin für Kommunikation*. https://www.kom.de/medien/wie-kommuniziert-man-eine-insolvenz-richtig/. Zugegriffen: 19.12.2021.

Posor, Petja. 2015. *Der Fall Hoeneß als Skandal in den Medien: Anschlusskommunikation, Authentisierung und Systemstabilisierung*. Konstanz: UVK.

Pörksen, Bernhard, und Hanne Detel. 2012. *Der entfesselte Skandal. Das Ende der Kontrolle im digitalen Zeitalter*. Köln: von Halem.

Rademacher, Lars, und Alexander Schmidt-Geiger, Hrsg. 2012. *Litigation-PR: Alles was Recht ist. Zum systematischen Stand der strategischen Rechtskommunikation*. Wiesbaden: Springer VS.

Rehbinder, Manfred. 2011. Litigation-PR als professionelle Dienstleistung zur Rechtskommunikation in der Mediengesellschaft. In: *Kommunikation*, Hrsg. R. Sethe, S. 771–780. Bern: Stämpfli.

Röhrig, Johannes. 2013. Spitzenvertreter der Bundesliga bunkerte halbe Milliarde. *stern.de*, 16. Januar 2013. Zugegriffen: 28.12.2021.

Röttger, Ulrike, Patrick Donges und Ansgar Zerfaß. 2021. *Handbuch Public Affairs. Politische Kommunikation für Unternehmen und Organisationen.* Wiesbaden: Springer Gabler.

Rudolph, Sebastian. 2020. Marathonlauf Monitorverfahren. Der Bilfinger-Weg. In: *Litigation-PR. Wie Krisenkommunikation im Gerichtsaal der Öffentlichkeit funktioniert,* Hrsg. Martin Wohlrabe, S. 149–168. Wiesbaden: Springer Gabler.

Rüegger, Vanessa. 2020. Strategic Human Rights Litigation – Eine Standortbestimmung. *sui generis.* https://sui-generis.ch/article/view/sg.124/1260. Zugegriffen: 14.12.2021.

Schertz, Christian, Thomas Schuler, Hrsg. 2008 [2007] Rufmord und Medienopfer. Die Verletzung der persönlichen Ehre. Berlin 2008. 2. Auflage.

Sherwin, Richard K. 2002. *When Law Goes Pop.* Chicago, London: U of Chicago P.

Schmitt-Geiger, Alexander. 2012. Deutschland und die USA. Ist US-amerikanische Litigation-PR auf Deutschland übertragbar? In: *Litigation-PR: Alles was Recht ist. Zum systematischen Stand der strategischen Rechtskommunikation,* Hrsg. Lars Rademacher und Alexander Schmidt-Geiger, S. 57–74. Wiesbaden: Springer Gabler.

Schmitt-Geiger, Alexander. 2013. Litigation-PR. Strategische Rechtskommunikation bei Unternehmenskrisen, In: *Handbuch Krisenmanagement,* Hrsg. A. Thiessen, S. 291–304. Wiesbaden: Springer VS.

Seiwert, Martin. 2012. Die Jäger der Wirtschaftsbosse. Dezember 2012. *Wirtschaftswoche.* https://www.wiwo.de/unternehmen/industrie/wirtschaftskriminalitaet-droht-ein-justizgau/7397424-2.html. Zugegriffen: 17.12.2021.

Sieber, Armin. 2014a. Wenn der Staatsanwalt zweimal klingelt. Worauf sich Pressesprecher und Kommunikationschefs in der Krise vorbereiten sollten. 15. Dezember 2014. *pressesprecher. Magazin für Kommunikation.* https://www.kom.de/medien/wenn-der-staatsanwalt-zweimal-klingelt/. Zugegriffen: 14.12.2021.

Sieber, Armin. 2014b. Litigation-PR auf dem neuesten Stand der Technik. Beeinflussen Live-Tweets von Journalisten Gerichtsprozesse? 25. November 2014. *pressesprecher. Magazin für Kommunikation.* https://www.kom.de/medien/litigation-pr-auf-dem-neuesten-stand-der-technik/. Zugegriffen: 14.12.2021.

Sieber, Armin. 2016a. *Insolvenzkommunikation: Es geht um die Sexiness für die Medien.* Interview mit Dr. Christoph Niering, Vorsitzender des Verbands der Insolvenzverwalter. 20. August 2016. *Advisor Blog.* https://sieber-advisors.de/insolvenzkommunikation/. Zugegriffen: 14.12.2021.

Sieber, Armin. 2016b. „Kein Kommentar" ist keine Option mehr. Wie Anwälte und Litigation-PR-Profis gemeinsam Interessen der Mandanten wahren können. *Deutscher AnwaltSpiegel* 20: 14 ff.

Sieber, Armin. 2017a. Wie im Wilden Westen. Zunehmende Bedeutung der US-Justiz für deutsche Unternehmen. *PR Magazin* 08: 18–19.

Sieber, Armin. 2017b. Die Justiz braucht keinen Glamour. – Gerichts-PR bietet die ganze Palette von Sichtweisen. Interview mit Andrea Titz, *Advisor Blog.* https://sieber-advisors.de/justizkommunikation-braucht-keinen-glamour-interview-titz/. Zugegriffen: 15.12.2021.

Sieber, Armin. 2017c. Mit dem Colt in der Hand. Braucht Deutschland Sammelklagen nach amerikanischem Vorbild? Interview Andreas W. Tilp, *Advisor Blog.* https://sieber-advisors.de/sammelklage/. Zugegriffen: 02.01.2022.

Sieber, Armin. 2018a. *Manager am Medienpranger. Erfolgsstrategien mit Litigation-PR.* Bamberg: faw.

Sieber, Armin. 2018b. Produktrückrufe im Spannungsfeld zwischen Krisenkommunikation und Customer Relationship Management. *Recht Automobil Wirtschaft (RAW)* 2: 139.

Sieber, Armin. 2019. *Dialogroboter. Wie Bots und künstliche Intelligenz Medien und Massenkommunikation verändern.* Wiesbaden: Springer VS.

Sieber, Armin. 2021a. Shootdown im Strafprozess. Interview mit Christian T. Stempfle, *Advisor Blog.* https://sieber-advisors.de/strafprozess-ist-kampf/. Zugegriffen: 29.12.2021.

Sieber, Armin. 2021b. Streit ums Klima. Human Rights Litigation und Climate Chance Litigation werden zur Herausforderung für Anwälte und Litigation-PR. Gespräch mit Rechtsanwalt Prof. Dr. Thomas Klindt, *Advisor Blog.* https://sieber-advisors.de/climate-change-litigation/. Zugegriffen: 10.01.2022.

Sieber, Armin, und Daniel Konrad. 2013. Prozesskommunikation für Profis. *kommunikationsmanager* 4: 68 ff.

Sieber, Armin, und Oliver Löffel. 2016. Wie öffentlich darf ein Gerichtsprozess werden? Haftungsrisiken durch Weitergabe von Verfahrensunterlagen. 16. April 2016. *Legal Tribune Online.* https://www.lto.de/recht/kanzleien-unternehmen/k/weitergabe-verfahrenunterlagen-oeffentlich-schadensersatz-litigation-pr/. Zugegriffen: 14.12.2021.

Siebert, Lou-Martine. 2020. Litigation-PR im Kontext von Managementversagen. Managementhaftung und D&O-Schadensbewältigung, In: *Litigation-PR. Wie Krisenkommunikation im Gerichtsaal der Öffentlichkeit funktioniert,* Hrsg. Martin Wohlrabe, S. 99–105. Wiesbaden: Springer Gabler.

Streeck, Klaus. 2010. Litigation-PR als beauftragte Beeinflussungsdienstleistung. In: *Die Öffentlichkeit als Richter. Litigation-PR als neue Methode der Rechtsfindung,* Hrsg. V. Boehme-Neßler, S. 129–138. Baden-Baden: Nomos.

Trentmann, Christian. 2015. Medien- und Öffentlichkeitsarbeit bei Strafverfahren – Fluch oder Segen? *Publizistik* 60: 403–415.

Trüg, Gerson. 2011. Medienarbeit der Strafjustiz – Möglichkeiten und Grenzen. *NJW* 15: 1040–1045.

Trüg, Gerson, und Marco Mansdörfer. 2012. Zur Öffentlichkeitsverantwortung der (Straf-) Gerichte und Staatsanwaltschaften in der Mediengesellschaft. In: *Litigation-PR: Alles was Recht ist. Zum systematischen Stand der strategischen Rechtskommunikation,* Hrsg. Lars Rademacher und Alexander Schmidt-Geiger, S. 151–167. Wiesbaden: Springer Gabler.

Unverzagt, Alexander, Claudia Gips, und Peter Zolling. 2012. Rechtsfindung und Rufwahrung. Zur Zukunft der Litigation-PR in der juristischen Praxis. In: *Litigation-PR: Alles was Recht ist. Zum systematischen Stand der strategischen Rechtskommunikation,* Hrsg. Lars Rademacher und Alexander Schmidt-Geiger, S. 341–349. Wiesbaden: Springer Gabler.

van Venrooy, Michael. 2015. *Produktrückrufe in der deutschen Automobilindustrie. Motivations-, Kommunikations- und Verständnisproblematiken.* Wiesbaden: Springer Gabler.

Vogl, Tobias. 2020. Der Tod des Kaufmanns. In: *Litigation-PR. Wie Krisenkommunikation im Gerichtsaal der Öffentlichkeit funktioniert,* Hrsg. Martin Wohlrabe, S. 77–85. Wiesbaden: Springer Gabler.

Wieduwilt, Hendrik. 2021. Wie man als Politiker seine Botschaft in die Medien bringt: Die Wahl der Waffen. 20. August 2021. *Übermedien.* https://uebermedien.de/62924/wie-man-als-politiker-seine-botschaft-in-die-medien-bringt-die-wahl-der-waffen/. Zugegriffen: 14.12.2021.

Wikipedia. o.J.-a. „Breuer Interview". https://de.wikipedia.org/wiki/Breuer-Interview. Zugegriffen: 07.01.2022.

Wikipedia. o.J.-b. „Gustl Mollath". https://de.wikipedia.org/wiki/Gustl_Mollath. Zugegriffen: 19.12.2021.

Wikipedia. o.J.-c. „Hypo Alpe Adria". https://de.wikipedia.org/wiki/Hypo_Alpe_Adria. Zugegriffen: 19.12.2021.

Wikipedia. o.J.-d. „Milieudefensie u. a. gegen Royal Dutch Shell". https://de.wikipedia.org/wiki/Milieudefensie_u.a._gegen_Royal_Dutch_Shell. Zugegriffen: 19.12.2021.

Wikipedia. o.J.-e. „The Murder of Meredith Kercher". https://en.wikipedia.org/wiki/Murder_of_Meredith_Kercher. Zugegriffen: 15.12.2021.

Wikipedia. o.J.-f. „Nominalstil". https://de.wikipedia.org/wiki/Nominalstil. Zugegriffen: 15.12.2021.

Wikipedia. o.J.-g. „Saúl Luciano". https://de.wikipedia.org/wiki/Saúl_Luciano. Zugegriffen: 19.12.2021.

Wikipedia. o.J.-h. „Three-Lines-of-Defense-Modell". https://de.wikipedia.org/wiki/Three-Lines-of-Defense-Modell. Zugegriffen: 19.12.2021.

Wikipedia. o.J.-i. „Uli Hoeneß". https://de.wikipedia.org/wiki/Uli_Hoene%C3%9F. Zugegriffen: 17.12.2021.

Wohlrabe, Martin, Hrsg. *Litigation-PR. Wie Krisenkommunikation im Gerichtsaal der Öffentlichkeit funktioniert*. Wiesbaden: Springer Gabler.

Wolbergs, Joachim und Arianna Elsässer. 2020. Interview: Von medialer Vorverurteilung, öffentlicher Kommunikation und warum sich Joachim Wolbergs als Beschuldigter gegen das Schweigen entschied, In: *Litigation-PR. Wie Krisenkommunikation im Gerichtsaal der Öffentlichkeit funktioniert*, Hrsg. Martin Wohlrabe, S. 169–179. Wiesbaden: Springer Gabler.

Wolff, Uwe. 2010. Warum die Gerechtigkeit PR-Spezialisten braucht. In: *Die Öffentlichkeit als Richter. Litigation-PR als neue Methode der Rechtsfindung*, Hrsg. V. Boehme-Neßler, S. 139–159. Baden-Baden: Nomos.

Zippert, Hans. 2014. Auch Manager sind nur Kriminelle. 15. November 2014. *Die Welt*. https://www.welt.dc/debatte/kolumnen/zippert_zappt/article134377699/Auch-Manager-sind-nur-Kriminelle.html. Zugegriffen: 17.12.2021.

The manufacturer's authorised representative in the EU is Springer Nature Customer Service Centre GmbH, Europaplatz 3, 69115 Heidelberg, Germany. If you have any concerns regarding our products, please contact ProductSafety@springernature.com

Printed and bound by CPI Group (UK) Ltd, Croydon, CR0 4YY
28/04/2026
02098534-0004